文科系の作文技術

許 夏玲

白帝社

まえがき

　筆者が大学院生の論文指導に携わってもう 10 年目になる。この間，大学院生のみなさんは各自興味や関心のあるテーマを持ち，たとえば，日本語と中国語の擬音語・擬態語，疑問文文末の「か」の有無による機能の違い，会話の中の授受表現，ビジネス場面での日本と中国の異文化コミュニケーション，日本語の引用表現，会話での聞き手の言語行動など，様々な研究に取り組んでいた。これらの修士論文の指導だけでなく，日本へ短期留学（通常 1 年間）に来ている日本語日本文化研修留学生，交換留学生等の研究レポートも指導してきた。短期留学生と大学院生は専攻が違うため（もちろん，中では日本語を主専攻としている短期留学生もいるが），大学院生のほうが日本語教育の観点からより専門的に深く研究テーマを考察して論じるのに対し，短期留学生（学部 3 〜 4 年生が多い）は現代社会の面白い現象や流行，または自分の興味や関心を持っていることをテーマにし，その内容や自分の感想をまとめることが多い。

　さて，レポートと論文は何が違うかと言えば，まず頭に浮かぶのは紙の枚数の違いだろう。一般に修士論文として提出されたもの（筆者の指導学生の場合）は少なくとも 60 〜 70 枚以上ある。中では会話データや資料も添付されると，200 〜 300 枚の論文もある。しかし，研究レポートのほうは，通常 8 〜 10 枚程度である。実際には，8 〜 10 枚のレポートには写真，図表，参考文献なども含めると，6 〜 7 枚の内容しか書けない。

　では，レポートは論文よりページ数が少なくて書きやすいかと言えば，それは実は誤解である。レポートにしても，論文に

しても，量の問題ではなく，質の問題が重要視となることは言うまでもない。つまり，内容重視なのである。

　レポートと論文は，実は同等のものと見なしていいと思う。論文の構成，問題考察，検証方法，論点のまとめなどは，レポートでも通用する。よく枚数が少ないから書きやすいと思われているが，要旨を書くときを思い出してみよう。500〜800字程度で重点をまとめるのは実に難しい作業と言える。そこで，大学院生の論文にしても，短期留学生のレポートにしても，いかに研究テーマを決め，その研究に取り組むのかについては，筆者は同じ方法で指導している。ただし，大学院生は学位を取得するための論文をしっかりと書かなければならないので，厳しく指導しているのに対し，短期留学生には，日本への関心や学習のモチベーションを高めることを主目的とし，また日本語力も考慮に入れながら指導している。

　本書の執筆動機は，前述のことも含め，大学院生（学部で日本語を学習してから大学院の専門分野に入った留学生）でも発表レジュメの書き方，論文の書き方がよくわからない，または書き方に戸惑っている人が少なくないのを見て，筆者のわかる範囲で要点をまとめて，学生諸君の参考資料として役立てくれれば良いと思うところにある。

　本書では，筆者の指導経験に基づき，発表レジュメの書き方，論文の書き方を中心に，テーマ決めから研究方法，論文のまとめ方などの論文・レポート執筆にあたっての注意点を紹介・説明し，また対照研究の観点から研究への取り組み方も事例を通して説明する。

　勿論，本書をもとにすれば必ず良い論文が書けると保証はしない。より良いものを仕上げるためには試行錯誤が必要だと思

う。本書が，論文の書き方などに悩んでいる，また戸惑っている学生諸君にとって参考になれれば幸いである。

目 次

まえがき ……………………………………………………………… 1

Lesson 1 テーマ決め …………………………………………… 7

テーマをどう見つけるか？ ……………………………………… 7
研究動機や目的をどう書くか？ ……………………………… 12
 ドリル ……… 15   解答 ……………… 16

Lesson 2 文献探し …………………………………………… 19

文献や資料をどう探すか？ …………………………………… 19
 ドリル ……… 22   解答 ……………… 23

Lesson 3 研究手段 …………………………………………… 24

研究に取り組むのに何か方法があるか？ …………………… 24
研究対象をどう決めればいいか？ …………………………… 29
調査アンケートのアンケート用紙をどう作ればいいか？ … 31

Lesson 4 先行研究 …………………………………………… 42

先行研究の内容をまとめるだけではだめ？ ………………… 42
章や節の番号付けにはバランスを …………………………… 46

Lesson 5 引用 ………………………………………………… 49

引用する時に注意すべきところは何？ ……………………… 49
話し言葉と書き言葉の使い分けが必要なのか？ …………… 53

Lesson 6　図・表・注 ·················· 58

図・表・グラフには何の視覚効果があるか？ ··········· 58
　　ドリル ········ 63　　　　解答 ················ 65

Lesson 7　まとめ　今後の課題 ············ 67

「まとめ」には単に研究結果をまとめればいいか？ ······· 67
キーワードの選択基準は何？ ·················· 69
　　ドリル ········ 71　　　　解答 ················ 72

Lesson 8　参考文献・資料 ················ 73

参考文献・資料を並べるだけではだめ？ ·············· 73
　　ドリル ········ 76　　　　解答 ················ 79

Lesson 9　研究資料 ···················· 80

調査用紙や文字化資料を添付する必要があるか？ ········ 80
発表資料を作成するにあたっての注意点は何？ ········· 88

Lesson 10　謝辞 ······················ 96

論文指導の先生や協力者への謝辞を付けるべきか？ ······ 96

Lesson 11　対照研究 ··················· 99

異文化や対照比較の観点から見た言語行動の研究とは？ ··· 99
「多文化」の中の日本文化をどう見るか ············ 101

Lesson 12　記述研究 ……………………………… 107
　日本語文法を記述する目的とは？ ……………………… 107

参考文献 …………………………………………………… 112

参考資料 …………………………………………………… 115

索引 ………………………………………………………… 117

Lesson 1
テーマ決め

 テーマをどう見つけるか？

　何を研究テーマとするのかは確かに悩ましい。だからと言って，テーマ探しのため図書館で文献資料をたくさん読んだり，書店で出版されている本を調べたりするなど，それほど苦労しなくてもいいと思う。意外と身近にある日常的な出来事や自分自身の経験をヒントに身近にある事柄から研究テーマを決めることが多いものだ。

　たとえば，日常会話では日本語母語話者がなぜ文を最後まで言い終わらないで，途中で言い止めること（「ちょっと午後約束があるんだけど[遊びに行けません]」,「今やってんだから[邪魔しないで]」）が多いのかと疑問に思い，その真相を突き止めるために，日本語会話の言いさし表現を研究テーマとする。また，ある留学生はかつて母国の日本語の授業で日本語の先生が助詞の用法について説明しているところ，「この助詞の使い方については，このまま覚えてください。」と説明しないで話を終わらせたことを思い出して，説明されていない助詞の用法を調べるために自分の研究テーマとしたという。一方，たまたまテレビの番組を見たら，アナウンサーが非情物の野菜に対して「～を切ってあげて」と言ったことを不思議に思い，日本語母語話者の授受表現をテーマとした学生もいた。

こうして大学院生のみなさんの研究テーマを見ると，身近にある事柄からテーマを拾うことが多いようだ。筆者もこのような方法をお勧めしたい。自分のわからないことをもっとよく知りたいと考えることは，我々人間の持っている本能でもあると思う。また，調べることによって，知らないことやわからないことがわかるようになり，満足感や達成感も得られるだろう。特に，日本語教育の分野では，自分の知らないことやわからないことは他の学習者の持っている問題や困難点でもあるため，研究の成果を日本語教育の現場に還元することが期待できる。

　研究テーマの題目の書き方や表現についても，ここで少し紹介しておきたい。本題の範囲が広ければ，本題の下に副題を付けるのが一般的である。また，名詞は事物の現状に焦点が当てられるため，客観的に外界の事象を捉えるのに対し，動詞は動作の過程に焦点が当てられるため，より主観的に話者や動作主の観点から捉える。それゆえ，筆者の管見ではレポートや論文のような学術的なものの本題は，名詞句として現れることが多い。

　下記のような表現は本題としてよく用いられる。

・○○○○○○の意味分析
・○○における○○○○の○○○
・○○○○○○について
・○○○○○○についての一考察
・○○○に見られる○○○○○の○○○
・○○○○○○ための実践的研究
・○○○○○○の開発に向けた基礎研究［教材開発等］
・○○○○に基づく○○○○の使い分け

・○○○による○○○○の習得研究
・○○○○○○○に関する考察
・○○○○○○に関する研究
・○○○○のための○○○○試み［教材案やコースの試行等］
・○○○○○○の使用実態
・○○○における○○○○の実践報告
・○○○○○○○の再考［過去の課題の再度考察等］
・○○○○○に関する事例研究［少人数の学習進度の観察等］

　副題は，本題の範囲を限定し，論文内容を重点的に示す働きを持っている。日本語の副題では，表現が短めに書かれるものが多く，表現の前後に─○○○─のように線が付いているのが特徴的である。それに対し，英語の副題は，基本的に日本語と同じ要領であるが，○○○○○○：○○○のように，主題の後に：をつけてから副題をつける傾向がある。また，専門分野によって，主題と副題の書き方も違ってくるため，ここでは文系のレポートや論文のみを対象とする。

　よく用いられる副題の表現は次の通りにまとめられる。

・─○○○○○という視点から─
・─○○○○○の事例から─
・─○○○○○の観点から─
・─○○○○○の問題分析から─
・─○○○における取り組みから─
・─○○○○○に関する意識調査から─
・─○○○○○を中心に─
・─○○○○○の実践研究の分析を通して─

- ―○○○○における○○と○○の比較から―
- ―○○○に着目して―
- ―○○○○○の談話データをもとに―
- ―○○○○○を目指して―
- ―○○○○○調査を通じて―
- ―○○○○○を対象に―
- ―○○○○○を利用して―
- ―○○○○○を例に―
- ―○○○と○○○の場合―
- ―○○○・○○○との対照―
- ―○○○○学習者のために―
- ―○○○○○を題材として―
- ―○○○○○のインタビュー調査から―
- ―○○○○○に基づく分析―
- ―○○と○○を手がかりに―
- ―○○○を対象とした実践から―

　ここでは，一つの事例として『社会言語科学』（第15巻，第1号）に掲載されている論文の論文題目を紹介したい。これらの論文の題目を見ると，名詞化という点では共通していることがわかる。つまり，動詞句＋名詞という形で動詞句を名詞でとめ，名詞句で表記することが多い。たとえば，次の題目を見てみよう。（次の頁の目次）
【［｛対人的コミュニケーション｝に関する］定量的実証研究】
【［　　　｛　名詞　｝　　　動詞句　］　名詞　】
　前述のように，名詞は事物の現状に焦点が当てられるため，客観的に外界の事象を捉える印象を与えてくれる。実際，日常

でも特に公的な場面では，たとえば顧客に「〜を持っていらっしゃいますか」と話しかけるより，「〜をお持ちでしょうか」と言うことが多いこともその一つの理由だろう。

巻頭言（Prefactory Note）
特集「対人コミュニケーションに関する定量的実例研究」

研究論文（Research Papers）
懸念的被透視感が生じる際に手がかりとなる情報の特徴
—ボードゲームを用いた検討—

CMCにおける他者の匿名性がコミュニケーション行動に及ぼす効果
—情報の種類の観点から検討—

感情が言語行動に与える影響
—二者間会話場面における定量的検討—

時系列データマイニングを援用した会話インタラクションにおけるジェスチャ分析の支援

（『社会言語科学』第15巻，第1号（2012）の目次より）

研究動機や目的をどう書くか？

　われわれが何か行動を行うとき，その背景には必ず何か理由があると考えられる。ある研究テーマを選択した時にもなぜそのテーマに決めたのかと問われることが予想される。よく研究動機と目的の2つの表現が並べられているが，両者は実に違うものである。動機とは，前述のような様々なテーマから一つに決めるまでの背景のことを言う。一方，目的のほうは，研究テーマが決まったうえで，これから何をどこまでどのようにしたいのかを述べることである。

　一般に研究テーマとなる本題の範囲が広い場合は，前頁で述べたように，副題（本題の範囲を限定し，その説明を補足する）をつけると良い。ただし，本題と副題の長さのバランスを整える必要がある。以下，3つの題目の書き方の例を見てみよう。

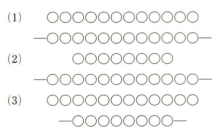

　上記の3つの書き方において，(3)＞(1)＞(2)という順に選択されやすい。(3)のほうが，バランスがとれて本題も目立って見えるため，落ち着きが良くなるだろう。

　研究目的について述べる時には，自分の研究テーマがこれまでないほど独創的テーマである場合（これはまず多くないだろ

う）を除き，ほとんどの人は自分の研究と関連したこれまでの先行研究の内容に触れなければならない。そこでは，ただ先行研究ではこういう研究内容と結果が得られたと要約するのではなく，先行研究ではまだ触れられていないところ，または説明が不足しているところ等を指摘するべきである。先行研究が完璧な研究だとしたら，さらなる研究は要らないだろう。先行研究の足りないところや問題となっているところがあるからこそ，さらなる研究の余地があるわけだ。

　ここでは，事例としていくつかの論文の研究目的を含む要旨の一部を参考までに提示しよう。（下線は筆者の引用によるもの）

　「本稿では，この SE（Speak Everywhere）を取り入れたスピーキング重視のコース設計とその実践について報告する。SE をカリキュラムに組み込み，教室活動と密接に連動させることで以下の成果が得られた。（略）」　（池田・深田 2012：46）

　「本稿は，教師が『自律的な学びとは何か』という問いを持ち，漢字の一斉授業を対照に自らの実践を振り返り，分析を行った実践報告である。意志決定の主体と教師の学習観の変容に焦点を当て分析した結果，初期の教室では教師が学習を設計し，主導していたのに対し，学習活動が変化すると，学習者が自身に合った方法や内容を考えながら実践するという意志決定が行われていたことが明らかになった。（略）」（大関・遠藤 2012：61）

　「本研究では，個々のビジネス上の場面における発話コミュニケーションを取り上げるのではなく，本研究の調査協力企業

が行う製品開発プロジェクトの過程で行われる情報授受の全体像<u>を示し</u>，その中でブリッジ人材が行う必要のあるコミュニケーションに<u>関して考察する</u>。（略）」　　　　　（戎谷 2012：15）

「<u>本発表のねらいは</u>，初級の文法教育に『文脈化』と『個人化』という概念を導入することに<u>よって</u>，単調なドリルの繰り返しと化した初級文型・文法教育を活性化させ，初級の授業から外国語教育の目的たる『学習者の自己開示と他者理解による人間的相互交流』を実現することができることを<u>示すことにある</u>。」
　　　　　　　　　　　　　　　　　　　　（川口 2012：224）

「<u>本研究は</u>，世界各国・地域より日本の大学に留学し，日本語を学習している学習者を<u>対象に</u>，その『辞書使用』に関する実際の学習行動を詳細に<u>見ることによって</u>，『留学生は，言いたい日本語をどう見つけるか』を実証的に探ることを<u>目的とする</u>。」　　　　　　　　　　　　　　（鈴木 2012：164）

　上記の例において，筆者達がこの論文で何について述べるか，どのように研究したいのかを示しているという点ではほぼ共通している。

Lesson 1　ドリル

下記の題目の書き方にどんな問題があるかを考えてみよう。

1. 近ごろ使われる敬語の使い分け
　　　―違う場面の事例から―

2. 世界から地理学的に見た日本のいい面と悪い面

3. 現代の日本語と母語の対照比較

4. 「かわいい」現象と女らしさのコンセプトの変化の関係

5. 　　　　桜と日本
　　―若い日本人の桜へのイメージ―

6. 日本の茶道と禅宗について

7. 若者言葉現象に対する認識調査

8. 　　　　日本の漫画について
　　―日本文化から強く影響された日本の漫画―

解 答

1. 近ごろ使われる敬語の使い分け
　　　―違う場面の事例から―

「近ごろ」とはいつのことかわからないし，題目としてあまり用いられないため，現代日本語という表現を用いたほうがいいだろう。副題の「違う場面」も範囲が広すぎるし，具体的にどんな場面かを明確にする必要ある。

> 現代日本語における敬語の使い分け
> 　―初対面と友人同士の会話場面を事例に―

2. 世界から地理学的に見た日本のいい面と悪い面

「いい」は話し言葉の表現であるため，「良い（よい）」のような書き言葉の表現を用いたほうがいいだろう。地理学と言えば，地球や世界の意味も含まれているため，意味が重複している。

> 地理学の観点から見た日本の地勢の利点と弱点

3. 現代の日本語と母語の対照比較

「母語」は何語かわからない。両言語の何を中心に対照比較したいのかも題目ではわからない。研究の範囲を限定する必要がある。

> 現代日本語と○○語の対照比較
> 　―文の構成要素と語順から―

4. 「かわいい」現象と女らしさのコンセプトの変化の関係

「コンセプト」は概念の意味である。題目の通り，AとBの関係という対等な関係を表すのもいいが，「かわいい」現象が女らしさの概念に含まれるように表すと次のようになる。

「かわいい」現象に見られる女らしさの概念の変化

5. 　　　　桜と日本
　―若い日本人の桜へのイメージ―

この題目は格好いいが，副題が本題より長いと落ち着きがあまりよくない。桜と日本のキーワードを含めて書くと次のような題目も考えられる。

日本の若者の桜へのイメージ

6. 日本の茶道と禅宗について

この題目には副題を付けたほうがいいだろう。なぜなら，茶道の歴史も禅宗の歴史も長いため，日本に伝わってきてから現在にわたるまで研究するのは大変時間がかかるから，具体的にどの時期かを限定する必要がある。時期でなければ，茶道と禅宗の中の何を中心に見るのかを決めたほうがいいだろう。

日本の茶道と禅宗について
　―〇〇〇〇〇〇を中心に―

7. 若者言葉現象に対する認識調査

「現象」と言うと,何かの社会現象や言語現象が思いつくだろう。しかし,「若者言葉」と「現象」の何が結びついているかがよくわからない。「認識調査」の表現が用いられない。

> 若者言葉の社会現象に対する意識調査

8. 　　　　　　日本の漫画について
　　―日本文化から強く影響された日本の漫画―

本題と副題で同じようなことが述べられているため,次のように一つまとめられる。

> 日本の漫画に見られる強い日本文化の影響

Lesson 2
文献探し

 文献や資料をどう探すか?

　めでたく研究テーマが決まった。研究テーマが決まると,料理のメニューが決まるのと同じく,あとはテーマ(メニュー)に合わせた資料(材料)を揃えて書く(作る)だけである。このように,良いテーマは良い論文へと導いてくれるようなものである。テーマに関する文献を探す方法は個人差によって様々であるが,おおまかに以下のような方法が考えられる。

☞　テーマの関連キーワードを大学の図書館,国立国会図書館,インターネット[1]で検索する。
☞　関連学会のホームページから過去論文を検索する。[2]

---

1)　インターネットでも文献資料がよく掲載されているが,場合により資料の掲載先(論文集名,書名)や情報が欠けていることがあるので,要注意だ。また,図書館にない文献資料は図書館の取り寄せサービスに依頼すれば,本や論文のコピーを送ってもらえる。
　　ただし,郵送料は自己負担になる。
2)　日本語教育学会　http://www.nkg.or.jp/
　　社会言語科学会　http://www.jass.ne.jp/
　　日本語文法学会　http://www.nihongo-bunpo.org/
　　日本第二言語習得学会　http://www.j-sla.org/
　　日本認知言語学会　http://homepage2.nifty.com/jcla/
　　日本語用論学会　http://www.pragmatics.gr.jp/

- 文献や資料の参考文献からまた文献資料を拾う。
- 関連テーマの修士論文，博士論文の参考文献を収集する。
- 指導教員や専門分野の先生に紹介してもらう。[3]

　文献探しの時，図書館かどこかで取り寄せサービスを利用する場合，資料を読みたくてもすぐに読めるわけではなく，郵送のための時間を1～2週間見込んだほうが良いだろう。また，外国語が書かれている本より訳本のほうが読みやすいかと思うが，一応原本の内容も目を通しておくことをお勧めしたい。なぜなら，本文を引用する場合は訳文だけでなく，原文も付けて誤字，脱字，言葉の間違い等が確認できるからである。

　中国語で書かれている文献等を検索するなら，「中国知網（CNKI）」（http://www.cnki.net/），「國家圖書館（National Central Library）」（http://www.ncl.edu.tw/mp.asp?mp=2）といった情報のネットワークがある。

　しかし，前述のネットワークで掲載されている中国語の文献が日本にもあるかどうかは，日本のネットワーク上で調べなければならない。海外まで文献を取り寄せることは個人的には難しいと思うが，各自の大学の指導教員経由で図書館へ文献の取り寄せることは依頼することができるかもしれない。ただし，時間がかかるし，費用もかかる。中国にいる親族や友人に文献資料の取り寄せを依頼するほうが簡単かもしれない。

　今やインターネットの時代，情報収集が大変便利になった。インターネット上で研究テーマと関連している情報を検索する

---

3) 事前に先生とアポイントを取ることが肝心である。いきなり参考書を紹介してほしいと言われてもすぐに思いつかないことがある。

学生もおおぜいいる。しかし，中には学会誌や研究誌の掲載論文ではなく，執筆者の身元も出所もわからない情報がたくさん掲載されている。これらの情報の信憑性は疑わしい。研究論文に用いる参考文献や資料なら，研究書や研究論文をお勧めする。もちろん，インターネット上の情報をいっさい否定するのではなく，学術研究と関連している執筆者や発行元などの出所のある情報をお勧めしたい。

　また，ある表現の意味用法を調べるのに研究書や研究論文などの先行研究に記述されていることを参考にもせずに，辞典類に記述されていることを該当の表現の意味用法と決めつけてしまうのも望ましくない。なぜなら，研究テーマとするほどの内容ならば，先行研究で記述されている内容を参考にすべきである。辞典類での記述はあくまでも一般の意味用法の記述に過ぎないため，分析や論証の過程が明記されているわけではない。

　論文をまとめるのに参考しなければならない文献資料はたくさんあることが予想されるため，文献資料を手に入れて読み終わった時，その都度参考文献のリストに書き加えておくと良い。こうした習慣を日頃から身につけておけば，文献の書き漏れや資料の紛失を防ぐこともできる。かつて聞いた話では，論文に取り組み始める前に，まず研究テーマと関連している参考文献を網羅的に収集し，そのリストを作成するように指示する指導教員の先生もいたという。というわけで，美味しい料理（論文）を作るための材料（文献資料）は実に大切であることがわかる。

Lesson 2　ドリル

下記の文献の入手方法が適切かどうかを考えてみよう。

1. インターネット上のウィキペディア（Wikipedia）に掲載されている情報を文献としてレポートや論文に引用する。

2. 参考文献や資料の中の誰かの引用文を文献として自分のレポートや論文に引用する。（たとえば，田中（2012）では，「中田（2010）は○○○○○○○○○と定義している。」と述べられている。）

3. インターネット上の電子資料（論文ファイルなど）をダウンロードし，その出所（資料の掲載先など）がわからないものを参考文献として用いる。

4. 辞典類を文献として用いる。

5. テキストや漫画やドラマ・映画のシナリオを文献として用いる。

解答

1. インターネット上のウィキペディア（Wikipedia）に掲載されている情報を文献としてレポートや論文に引用する。
不適切（執筆者や掲載先のわかるものを用いるべきだ。）

2. 参考文献や資料の中の誰かの引用文を文献として自分のレポートや論文に引用する。（たとえば，田中（2012）では，「中田（2010）は○○○○○○○○○と定義している。」と述べられている。）
不適切（中田（2010）の文献を用いて述べるべきだ。）

3. インターネット上の電子資料（論文ファイルなど）をダウンロードし，その出所（資料の掲載先など）がわからないものを参考文献として用いる。
不適切（掲載先などの情報のわかるものを用いる。）

4. 辞典類を文献として用いる。
適切（ただし，定義や解釈を記述するには研究書や論文を用いたほうがいい。）

5. テキストや漫画やドラマ・映画のシナリオを文献として用いる。
適切（ただし，参考文献ではなく，例文出典のリストとして提示する。）

Lesson 3
研究手段

 研究に取り組むのに何か方法があるか？

　文献や資料をたくさん読んでも，それらは先行研究の内容と成果であって，自分が自分の研究テーマにどのように取り組んでいけばいいのかを考えなければならない。研究分野によって，文献や資料に基づく考察をし，その結果を分析するものもあるが，近年，日本語学や日本語教育の分野で用いられる分析の方法では，実証的研究，質的研究等が重要視されてきている。研究のアプローチとして質的研究，量的研究，縦断的研究，横断的研究等の用語をよく耳にする。

　質的研究では，調査対象者（一人または複数）が意識していないような自然データが用いられ，個々の表現の意味用法等が考察され，ケーススタディ（事例研究）のようなものが多い。それに対し，量的研究では，データを網羅的に収集する必要があるため，アンケート調査や対象者の認識や感想を問うような意識調査等が多く用いられ，収集したデータが統計的に分析されたもとで結論が導き出される。一方，横断的研究では，幅広くある集団の人たち（たとえば学習者）を対象に，その特徴や状況（誤用や習得状況等）を調査し分析するのに対し，縦断的研究では，一定の期間内である対象者（一人または複数）の特徴や状況の変化を追って観察し，分析する。

質的研究(qualitative analysis)(事例)
文野峯子(2004)「『質問―説明』連鎖の終了に関する質的研究―初級日本語クラスの一斉授業の場合」『日本語教育論集』20, 国立国語研究所日本語教育基盤情報センター編, pp.34-49

量的研究(quantitative analysis)(事例)
宮田剛章(2006)「敬語動詞における日本語学習者の中間言語の量的研究―中国人および韓国人学習者と日本語母語話者との比較から」『日本語科学』19, 国立国語研究所, pp.5-29

縦断的研究(cross-sectional analysis)(事例)
田鴻儒(2012)「中国語を母語とする日本語学習者のスピーチスタイルに関する縦断的研究」大阪大学(言語文化学)博士論文
奥野由紀子(2001)「日本語学習者の「の」の過剰使用の要因に関する一考察―縦断的な発話調査に基づいて」『広島大学大学院教育学研究科紀要』50, pp.187-195

横断的研究(longitudinal analysis)(事例)
畠山衛(2011)「日本語学習者による原因・理由を表す接続助詞『から』『ので』の語用論的使い分け能力の習得を探る横断的研究」『ICU日本語教育研究』8, pp.3-17
生田守・久保田美子(1997)「上級学習者における格助詞『を』『に』『で』習得上の問題点―助詞テストによる横断的研究から」『日本語国際センター紀要』7, pp.18-34

簡潔に言えば，自分の論点をサポートするための客観的・科学的データを示すことが要求されている。そこで，調査やインタビューを通して実の研究データを集めれば，より客観的な考察・分析が期待できる。

　研究データを収集するのに，おおまかに以下の方法が用いられることが多い。

会話分析のデータ（メイナード 1992：62-63）
1. 研究者が自分で考えて作り出したもの。
2. 小説，ドラマ，又は他の研究論文等の中から随時抜き出した会話。
3. ラジオ又はテレビの番組の一部を録音，録画したもの。
4. 日常生活で使われる会話をそのまま録音，録画したもの。
5. ある一定の対象者を選んで研究のために集めた会話で，研究者又は研究に関係のある者が参加したもの。
6. 研究者又関係者は参加せず，ある一定の決められた状況で集めた会話。
7. アンケート等の質問に答える形で集められた会話。

　会話を分析するのは，日常のような自然な会話を研究データに用いたほうがいいと思う。しかし，会話には必ずしも研究者の求めようとする用例やデータが出てくるとは限らない。状況設定などによる一部の会話文の作成が必要となってくる場合がある。上記の7.も同様なことが言えよう。たとえば，アンケートや漫画による会話完成文の中の一部の会話を研究者が自分で考えて作成し，あとの部分は協力者に埋めてもらうというようなものもある（詳しくは次頁の構造化アンケートを参照されたい）。

小説の会話文やドラマのシナリオ等の会話文は，作家が一人で考えて構成した物語のようなもので，無作為の自然な会話の構成とは違うと考えられる。しかし，マクロの観点から自然な会話構造を分析するのではなく，母語話者の日常の使用表現というミクロの観点で，会話の個々の表現等の分析には適するだろう。

　ラジオやテレビ番組の中に出てくる聴衆や観衆やゲストとの会話のやり取りは，小説やドラマの会話文より自然な会話になると考えられるが，大衆に公開するメディアのような場合，事前に打ち合わせを行う，制限を課するなどのことがあるかもしれない。

　前掲の5.よりデータの採取に影響を与えないように研究者が会話現場にいない6.のほうがより客観的なデータが得られるだろう。会話協力者が自分の振る舞いや表現が研究者に求められているものかどうか，研究者の同席や反応を気に掛ける場合もある。

構造化（structured）インタビューとアンケート

　事前に用意された質問項目をすべての対象者に対して，質問して回答を得るインタビューやアンケートのことを言う。アンケート調査は，意識調査のような大量に回答を得る際によく用いられる。しかし，質問項目の作成と回答形式の選択が調査結果に影響を与えるため，質問項目等の作成を慎重に考えなければならない。作成された質問項目や回答形式に問題がないかを確認するため，予備調査として試しにアンケートやインタビューを数人の協力者に依頼し，その回答結果の妥当性を確認しておいたほうが良い。

また，一般に意識調査のようなものでは，質問項目の回答として多肢選択式（4段階〜5段階［1. そう思う　2. ほとんどそう思う　3. あまり思わない　4. 全然思わない　5. わからない／どちらとも言えない］）が多く用いられ，文法項目や表現のような調査では，場面と会話の一部を示して会話を完成させる談話完成テストが用いられる。もし協力者の内省や意見を調査したい場合は質問項目に対して協力者が自由に記入できるような記述式のアンケートを用いたほうがより具体的な回答が得られるだろう。

半構造化と非構造化インタビュー
　協力者の内省や経験談を調査する際によく用いられる。半構造化の場合は，事前に用意された質問項目で協力者に質問し，相手の語りを見ながら対応していく。非構造化の場合は，調査者の調査目的に合わせて，その範囲内で協力者自身の語りや表現に焦点を置きながら会話を維持していく。

フォローアップ・インタビュー
　調査後に調査データを質的に補足するためによく用いられる。特に言語行動等を調査する場合では，アンケートや録音・録画だけで反映されない協力者の情報（認識，意見等）を聞き出すことができる。フォローアップ・インタビューは，協力者が調査内容についてまだ忘れていないうち，調査後の1週間以内で行われるのが望ましい。尾崎（2002），金子（2002），加藤（2002）でもフォローアップ・インタビューの研究例について紹介された。

研究対象をどう決めればいいか？

　論文を書く期間が少なければ1年，長ければ数年にわたる場合もあるため，研究しようとする範囲が無限であっても，研究期間が限られており，如何に限られている時間に限られていることを効率的に行うことが肝心である。というわけで，研究対象や研究範囲は決めなければならないと思う。

　日本語学や日本語教育の論文を書く場合，研究対象者とするのは母語話者（日本語または該当の国の言語），外国人日本語学習者（日本に留学している学習者または外国で日本語を学習している学習者）に焦点が当てられることが多い。なぜ日本と海外の在学中の学習者を分けるかと言えば，まず日本語の使用頻度が違う環境によるデータの差が見られるからである。また，学生によく「どのくらい研究対象の人数にすればいい？」と聞かれるが，これまでの先行研究を見ると，2～3人の調査で有用な研究データと成果が得られたものもあるし（久野2005，坊農2011），数百人の調査で得られた客観的な研究データと分析結果もあることから，要するにどのくらい調べれば，自分の調べたい結果が出てくるかによるのではないだろうか。その他，対象者は日本語母語話者なら出身地による方言の影響，学習者なら学習環境，日本語レベルによる違いも考慮に入れなければならない。

　また，限られている時間内で研究結果をまとめなければならないため，研究の範囲をどこまでとするのかを決めておく必要があると思う。範囲を絞るのにいろいろ考えなければならないし，時間もかかるのに，学生諸君がよく「大きなテーマ」を相談に持ってくる。たとえば，①「日本語と中国語の擬音語と擬

態語」，②「トルコ人日本語学習者の助詞の誤用分析」，③「ビジネス場面における日中の異文化コミュニケーション」等のようなテーマだったら，修士課程の2年だけでは時間が足りなく，あと3年〜6年もかけて研究しないと無理ではないかと学生諸君に率直に伝えたことがある。そこで，まず「有限な時間」で「無限な範囲」を調べるのは大変難しいことを念頭に入れておかなければならない。

　①のテーマに対し，あらゆる出版物から調べるのは無理であって，範囲を漫画に絞ればいい。しかし，漫画を選ぶ時も人気な作品を選び，漫画のジャンル（少年少女漫画，教育系漫画等）や漫画の冊数を決めておこう。②のテーマでは，助詞と言えば，「は，が，を，へ，に，で」等があるので，これらを全部調べるのにかなり時間がかかるし，学習者にとっても必ずしもすべての助詞に誤用を起こしやすいわけではない。要するに学習者には難しいまたは間違いやすいと考えられる助詞（または類似の助詞ペア，たとえば「に」と「で」，「は」と「が」）の範囲を絞ればいい。③も同様，ビジネスのすべての場面ではなく，日中の異文化コミュニケーションギャップが多く起こりやすい場面に設定すればいいと思う。①〜③のようなテーマの範囲が広い場合，本題のほかに副題を付ける等，その範囲を更に狭めるように限定すると良い。

調査アンケートのアンケート用紙をどう作ればいいか？

　レポートや論文のテーマに取り組む際，文献調査，つまり研究テーマと関連した専門書や論文の内容をもとに考察・分析して書くという研究方法もあるが，言語学習において，その言語の母語話者と学習者を対象としたある表現の使用実態や意識を調査するといったアンケート調査のような研究方法もよく用いられる。勿論，アンケートの調査対象は，前述のような使用実態や意識の調査のみではなく，学習歴や学習方法など実に様々ある。筆者の研究分野としている会話研究でも，協力者の協力によって収集された会話データを文字化し，分析資料とするが，会話内容だけで知り得ない会話参加者の様々な情報，たとえば年齢，出身（または国籍），滞日期間（外国人学習者の場合），性格，感想などは，データ分析に値する大切な参考資料になる。また，アンケートの設問項目や視点などによって回答結果も違ってくるし，ひいては分析結果まで影響を及ぼすことも考えられる。

　アンケート調査を本格的に実施する前に，パイロット調査といういわゆる予備調査のようなものを実施することが多い。なぜなら，ごく少人数の調査対象者の場合は，予備調査を実施しなくてもいいが，数十人から百人や数百人程度のアンケート調査の場合は，始めからアンケート調査を実施してしまうと，アンケートの妥当性や正誤に問題が生じると収拾がつかないことになるからである。そこで，まず予備調査を実施し，アンケートに問題がないかを確認することが肝心である。もし予備調査の段階で何か問題を発見したら，まだ修正や訂正に間に合うのである。

では，アンケートの項目数をいくつ作ればいいか，問題項目をどう作ればいいかということをよく聞かれるが，研究テーマによって項目数や設問も様々であるため，一概には定められない。ただし，協力者の協力できる状況を考えると，10問程度から20問程度ならそれほど時間がかからないだろう。しかし，これは設問内容とも関係している。自由記述や会話完成テストのようなものなら，考えるにしても書くにしても時間がかかる。アンケートに答えるのにあまり時間が長くかかると，集中力が落ちて，途中から雑に答えてしまうことも考えられなくもない。自由記述や会話完成テストのようなアンケートなら，設問数はなるべく少ないほうが無難だろう。

　設問数や設問内容は，あくまでも調査者が研究テーマに沿って何をどこまで調べれば研究結果が得られるのかを予測した上で決まる。同じような研究テーマでなくても，同じ研究分野なら先行研究の調査アンケートの内容，またこのアンケートにより何をどこまで明らかにすることができたのかを参考にして，自分なりの設問を作成してみればいいと思う。

　以下，いくつかのアンケートの事例を紹介しておきたい。

　濱川（2011）は，旧日本語能力試験2級相当のノンネイティブ日本語教師を対象とした自律学習「漢字」の取り組みを行った。自律学習「漢字」では，研修参加者が研修開始時に自分の立てた学習計画に沿って独習し，その間，漢字クイズを週1回，漢字学習相談を1人2〜4回行われたという。自律学習の「漢字」の流れを次の表（濱川2011：30）に示している。

表1 自律学習の「漢字」の流れ

```
1. 研究開始時
   ①漢字テスト        ④どの課から学習を始めるのか決定
   ②オリエンテーション  ⑤漢字学習計画の作成
   ③教材配布          ⑥事前アンケート
```
⇩
```
2. 学習計画に沿って，自立的に学習を勧める。
```
⇩
3a. 漢字クイズを受ける （週1回，計16回）	3b. 漢字学習相談（1人4回） （各学期の初めと終わり）

⇩
```
4. クイズ返却（添削・コメントを受け取る）
```
⇩
```
5. 研修終了時  ①漢字テスト  ②事後アンケート
```

　濱川（2011）では，アンケートの項目内容を次のように設問された。
・漢字テストの点数（開始時と終了時）：40-49, 50-59, 60-69…90-100
・漢字学習が好きか嫌いか（開始時と終了時）：0〜100%
・漢字や漢字学習が好きな理由［自由記述，複数回答］（開始時と終了時）
　「文字の形がおもしろい・きれいだから」「漢字を見れば，意味がわかるから」「作文や読書が好きだから」
　「単漢字から語彙の意味を推測するのが面白いから」
　「書くのが好きだから」「いろいろな学習方法を知れば，楽しくなるから」「音符や意符で読み方がわかるから」
・漢字や漢字学習が嫌いな理由［複数選択］（開始時と終了時）

「漢字がたくさんあるから」「読み方が複数あるから」
　「1つの漢字を複数のことばで使うから」「字形が複雑だから」
　「書き方がわからないから」「漢字の意味がわからないから」
　「用法がわからないから」「学習方法がわからないから」
　「丸暗記が嫌いだから」「その他」
・漢字学習でよく使う方法［複数選択］（開始時と終了時）
　「何回も書く」「何回も読む」「何回も見る」「分解する」
　「成り立ちを調べる」「絵のように見立てる」「その他」
・漢字学習で一番よく使う方法［複数選択］（開始時と終了時）
　上記の項目と同様

　李（2005）は，大学の非専攻日本語学習者を対象とした日本語教材の利用状況，学習モチベーション，学習効果等についてアンケート調査を行った。下記，アンケートの調査票の抜粋（李2005：22-24）を示す。
基本状況
1 所属：
2 性別：A 男　B 女
3 学年
　A 1年生　B 2年生　C 3年生　D 4年生　E 修士課程
　F 博士課程
4 あなたは以前日本語を勉強したことがありますか．
　A ある　B なし
5 4番で'A'を選んだ方は，具体的な期間を次から選んでください．
　A 1ヵ月ぐらい　B 3ヵ月ぐらい　C 6ヵ月ぐらい
　D 1年ぐらい

6 以前,どんな教科書を使いましたか.
　A《標準日本語》　B《新編日本語》　C その他（具体的に）
7 パソコンを持っていますか（自宅にあるものを含む）
　A ある　B なし　（C 近いうちに買う予定　D 買うつもりはない）
8 通常どのような方法でインターネットを利用していますか.
　A 大学ネットワークまたは寮につながるネットワーク
　B インターネットカフェ
　C 家庭用ブロードバンド接続
　D 家庭用ダイヤルアップ接続
9 インターネットを利用する目的
　A 資料収集　B ニュース閲覧　C チャット　D その他

学習目的と目標
10 このコースを選んだ理由は何かについて次のA～Jから選んでください.（多項目選択可能）
　A 日本語に興味がある
　B 将来の就職のため
　C 日本の漫画・アニメに興味がある
　D 日本の青春ドラマに興味がある
　E 日本の流行歌に興味がある
　F 日本の文化に興味がある
　G 日本の経済に興味がある
　H 日本留学のため
　I 単位数をとるため
　J その他
11 あなたはどのレベルまで日本語を勉強したいと思っていま

すか.
　A 少し分かれば良い
　B 簡単なコミュニケーションができるようになりたい
　C 日本語能力試験3級に合格したい
　D 専門に関する文章が読めるようになりたい
（略）

教授法及びカリキュラムなどについて
19 あなたはこのコースの学習効果についてどう思いますか.
　　A 非常に良い　B 良い　C 普通　D あまり良くない
20 このコースの学習効果があまり良くないと思う場合の理由を次のA～Dから選んでください.
　　A 教師　B 教材　C 設備　D その他
21 あなたはこのコースの授業時間数についてどう思いますか.
　　A ちょうど良い　B 多すぎる　C 少なすぎる　D その他
22 教師に重点的に教えてほしい項目を次のA～Dから選んでください.
　　A 聞く話す　B 読み書き　C 文法　D 翻訳
23 あなたは専門用語を習得する必要があると思いますか.
　　A ある　B なし　C どちらでも良い　D その他
24 あなたの好きな授業方式を次のA～Dから選んでください.
　　A 教師について学ぶ　B インターネット教室利用
　　C マルチメディア式教室で学ぶ　D その他
　　　選んだ項目の理由を簡単に書いてください.
25 日本語を勉強する中で，一番困難を感じた点を次のA～Dから選んでください.
　　A 発音　B ヒヤリング　C 文法　D 単語記憶

26 あなたは自分の学習上の問題点をどのように解決しようとしていますか.
   A 自分で本を読む　B 教師に聞く　C 一層練習する
   D 無視
27 あなたは授業のあと，どういうふうに日本語を勉強していますか.
   A 復習と予習　　　　　　　B 関連書籍と資料を読む
   C 日本語のラジオ放送を聞く　D ほとんど勉強しない
28 あなたは日本語の勉強についてどう思っていますか.
   A 非常に難しい
   B とても簡単だ
   C 難しくも易しくもない
   D 専門ではないから何とも思わない
29 来学期も本コースを設けた場合，あなたはまたこのコースを受講しますか.
   A はい　B いいえ　C まだよく考えていない
   D 場合による

　上記のような日本語環境で日本語が習得されるものとは違い、コンピューターリテラシーが必ずしも日本語環境で習得できるものとは限らない。徳永（2006）では，中国系留学生30名（日本語能力試験1級程度）を対象に行った基本的なコンピューター用語理解から検証され，未知の用語を理解するには母語でのリテラシーに英語能力を必要とするが，日本語能力を高めるだけでは日本語環境でリテラシーが発揮できないという見解が示された。調査にあたって，非調査者へ下記の調査用紙2種（徳永2006：103）を順番に渡し，必要に応じて簡単なフォロ

ーアップインタビューを行ったという。(**ゴシック字**は筆者によるもの)

調査用紙①
　一般的に使用されるコンピューター用語のうち，カタカナ名表記される用語(**例えば，レイアウト，フォント，ブラウザ**)について，母語(中国語)で書かれた用語から選択して回答する問題様式。問題の内訳は，「問1. キーボードの名称」の他，「問2. デスクトップ関連」，「問3. 文書作成・表計算関連」，「問4. メール・インターネット関連」，「問5. 操作関連」の各10問×5種類，合計50問から構成される。

調査用紙②
　一般的に使用されるコンピューター用語のうち，漢語で且つ，中国語とは異なる漢字を使用して表記する用語(**例えば，新規，罫線，検索**)について，母語(中国語)で書かれた用語から選択して回答する問題様式。問題の内訳は，「問1. デスクトップ関連」10問，「問2. メール・インターネット関連」9問，「問3. 文書作成・表計算関連」8問の合計27問。その他，コンピューター用語理解についてのアンケート，過去の情報リテラシーに関する既習歴，英語クラス履修歴についての質問項目から構成される。

　上記のコンピューター用語は，高校の教科書及び『留学生のためのコンピューター用語』(富山大学留学生センター)の基本用語を参考にしたものという。
　一方，中級日本語動詞の指導方法として，三好(2011)は動詞及び動詞と共起する語とからなる共起表現を複数例示し，共

起する語の共通点を学習者に考えさせることで,そのカテゴリー化を促し,動詞の意味と共起関係の理解を図る指導法(Categorize［CA］法)を考案した。また,実験では,CA法と個々の共起表現を覚えさせる方法(Memorize［ME］法)の2つの方法での動詞学習の後,ポストテストとして短文の共起表現部分の成語判断問題を学習者にさせ,アンケートと遅延テストを行った。その結果,CA法は覚えさせる方法より成績が良く,共起する語のカテゴリーや語簿との相違に気づきやすく,肯定的な効果が実証された。以下にCA法のタスクシート(三好 2011：115)を示す。

はがす
E peel off, tear off　中　剥下,掲下　韓　벗기다,떼다
◆「はがす」は,次のように使うことができます。
　　ポスター　を　はがす
　　切手　を　はがす
　　壁紙　を　はがす
　　シーツ　を　はがす
　　布団　を　はがす
　　包み紙　を　はがす

問題1

　上の例から,「はがす」と一緒に使える言葉はどんな言葉か,一緒に使える言葉の意味を考えて,＿＿＿に入る言葉を下から選んでください。答えは1つの場合も四つ全部の場合もあります。
　　＿＿＿＿＿＿＿＿＿＿＿を　はがす
　　＿＿＿＿＿＿＿＿＿＿＿を　はがす
　　＿＿＿＿＿＿＿＿＿＿＿を　はがす

```
_____を　はがす
│ シール　　ラップ　　エアコン　　眼鏡 │
```

問題2

○は使える例，×は使えない例です。
「はがす」と一緒に使える言葉はどんな言葉か，一緒に使える言葉の意味を，もう一度考えてみましょう。
考えたことを，あなたの国の言葉か日本語で書いてください。

　　○ポスター
　　○切手
　　○シーツ
　　○壁紙
　　○布団
　　○包み紙
　　○シール
　　○ラップ
　　×エアコン
　　×眼鏡

答え _____
　　_____

　調査アンケートのほか，談話完成テストいう調査手段もある。ルンティーラ（2004）は，タイ人日本語学習者の「提案に対する断り」表現の中にタイ語から日本語への語用的転移があることを談話完成テストによって明らかにした。
　状況設定としては，ルンティーラは，提案をする者の提案理

由は提案を受ける者の利益誘導のための行動であるように統一した。以下，相手の利益は「費用がより節約できる」と考えられていることである。

例：状況1)
あなたは今年の新入生歓迎パーティの幹事をします。今日，あなたを3年間教えてくれて，普段から親しくしている先生に会いました。
先生　：（あなたの名前）さん，来週のパーティはどうしますか？
あなた：焼肉の店でするつもりです。
先生　：え！　去年と同じですか。大学の庭でバーベキューパーティなんてどうかな。その方がみんなで協力できるし，安くもなりますよ。
あなた：＿＿＿＿＿＿＿＿＿＿＿＿＿＿＿＿＿＿＿＿＿
先生　：ああ，そうですか。

(ルンティーラ 2004：48)

　以上，見てきたように，調査アンケートと言っても様々な様式があると考えられる。要するに，自分の研究テーマに沿って何をどこまで明らかにしたいかによりアンケートの様式やその中の項目を設定するのである。

Lesson 4
先行研究

 先行研究の内容をまとめるだけではだめ？

　まず，日本語で言う論文，レポート，報告書とは，共通しているところもあるが，違うところもある。前述のように，論文とレポートは基本的に同じような学術的なもので，量が違うと考えられる。報告書は，教育機関や企業等で経緯や結果を報告する公的文章である。論文，レポートには客観的な考察や実証が求められているため，先行研究によるサポートとなる文献ベースが必要となってくる。しかし，先行研究をたくさん読んだからと言って，読んだものを全部論文に取り上げることは要らないし，まして書くスペースがたくさんあっても指導教員や論文を審査する先生が読む気はしないだろう。

　論文に取り上げるべき先行研究とは一体どんなものだろうか。ずばり自分の研究テーマと関連したもののみで良い。前述のように，先行研究で触れられていないところや説明が不足しているところ，問題となっているところ，課題として未解決になっているところ等の先行研究を自分のテーマに結びつけて論じられるもののみを取り上げれば良いと思う。要するに，論文に取り上げられている多くの先行研究は，論文の中で言及されているものである。少し読んだことのある文献や目を通したことのある文献は参考文献に書けば良い。

先行研究のまとめ方としては，おおまかに以下の2種類がある。まず，論文でよく用いられる形式は，次のような重点記述型の書き方である。しかし，現在，多くの論文では，(I)の書き方が多く用いられている。

(I) 1．先行研究
　　1.1 助詞「で」と「に」の意味用法

> 　ここでは，本論文と関連している先行研究のいくつかをまとめ，助詞の「で」と「に」に関する研究成果や見解を提示する。そこで，問題のある場合はその問題点を指摘し，興味深い見解のある場合はその箇所を引用し，本論文の展開に繋げるように書く。

(II) 1．先行研究
　　1.1 宮島・仁田（1995）

> 　該当の先行研究で研究された助詞「に」と「で」の内容を本論文に関連づけて取り上げ，議論する。あとは(I)と同様，問題のある場合はその問題を指摘し，興味深い見解のある場合はその箇所を引用し，本論文の展開に繋げるように書く。

　これまでの筆者の観察では，(II)のような個別記述型の書き方にすると，多くの論文の先行研究の部分は，文献紹介のようなものに留まってしまう。そこで，なぜわざわざこれらの先行研究を自分の論文の中で取り上げなければならないのか，その接

着点が見えにくくなる。結果的に,先行研究は本論との繋がりが薄れ,独立した一つの章になってしまう。

ここでは調査報告に書かれている先行研究のまとめとその指摘を紹介しておこう(清水 2010:52-53)。

　論文の書き方に関する参考書を見ると,先行研究を引用する文のモデル文は「〜テイル」で終わる型が多く紹介されていることがわかる(大島他 2005,二通・佐藤 2003 など)。(略)
　確かに先行研究を引用するということは,「(中略)自分の主張が単なる主観的判断ではなく,広い視野から見て客観的で正しいことを裏付けるための重要な手段」(上村・大井 2004:p175)であり,理由や根拠を述べることは引用文の大きな役割の一つであると言える。☜**先行研究のまとめ**
　しかし実際の論文を見てみると,テイル形ばかりではなくル形やタ形文末の引用文も存在している。ル形,タ形文末の引用文はテイル形文末の引用文と出現する状況が異なるのであろうか。さらにそれぞれのテンス・アスペクトの出現状況が分かっても,どのような引用節の形式とともに用いられているのか考察する必要もある。☜**先行研究の指摘**　例えばテンス・アスペクトの観点からタ形の出現状況が分かっても,「田中(2001)は〇〇〇と述べた」という形式で書くのがいいか,「田中(2001)は〇〇〇ことを述べた」という形式で書いたらいいのか,学習者は迷うだろう。☜**指摘としての具体例**
　そこで本稿では次の2点を目的とする。(略)☜**本研究の目的**(立場)

上記の調査報告の先行研究は，前頁の先行研究(I)の書き方に相当する。しかし，先行研究の(I)の書き方にせよ，(II)の書き方にせよ，先行研究の内容をまとめるのみではなく，先行研究の善し悪しを本研究の論の展開に繋げるように書かなければならない。

章や節の番号付けにはバランスを

　レポートや論文の研究テーマの研究背景，研究動機，研究目的について述べてから，次に先行研究，本論（研究対象，研究方法，研究結果），まとめ等といった順に述べていく。10ページ前後のレポートや小論文なら，以下のように第1章，第1章第1節などを書かずそれぞれの章や節の見出しに番号を振っていくという文系論文の書き方が多い。もちろん，章の見出しの書き方も様々あるので，必ずしも以下のようなものに限らない。

---

1. はじめに
   1.1　研究背景
   :
2. 研究動機と目的
3. 研究対象と方法
4. 研究結果（または調査結果）
5. まとめと今後の課題

　一方，修士論文のようなボリューム（内容，枚数など）のあるものだったら，1章の内容が多くなるため，一般には各章の1ページ目の上の冒頭または真ん中のところに第〇章と書く傾向が見られる。たとえば，次のようになる。

> **第1章　はじめに**
>
> 1.1　研究背景
> 　　：

章や節の番号を書くとき，特に節から更に小さい項目に分けるときに，互いのバランスにも気をつけなければならない。まず，念頭に入れておきたいのは，分類の場合，1があるのなら，2があるのを予想することである。たとえば，次の目次の書き方を見てみよう。

> **第2章　研究動機と目的**
>
> 2.1　研究動機
> 　2.1.1　非正規留学生の多様化
> 　2.1.2　日本語の運用能力と文化理解
> 　2.1.3　ICTの活用による日本語の授業
> 　　：
> 2.2　研究目的

学生のレポートや論文を見ると，うっかりして小節の見出しが1つだけなのに，節の番号を付けてしまうことがよくある。たとえば，上記の目次を次にように書いてしまう。

第2章　研究動機と目的

2.1　研究動機
　2.1.1　非正規留学生の多様化
2.2　研究目的

　前掲の目次のように,「2.1 研究動機」の下に1つの小節しかない場合,「2.1.1非正規留学生の多様化」のような小節を付けず,以下のように, 2.1 研究動機の内容として述べれば良い。

第2章　研究動機と目的

2.1　研究動機
　~~2.1.1　非正規留学生の多様化~~
2.2　研究目的

　しかし,現実では上記の目次のような単純なものではないので,執筆者の臨機応変な判断力が問われる。たとえば,小節の番号はどこまで書けば良いかと言うと,見出しの分類があまり細かすぎるのも読みにくくなるし,一般には4桁（2.1.1.1）までの項目の番号が多く見かけられる。4桁より更に5桁（2.1.1.1.1）まで分類するのなら,その前の段階で節の中の分類を整理整頓し,まとめられるものならまとめるか,同等のレベルでもう1つの小節を増やすか,ちょっと工夫すれば体裁やバランスの整った見出しができあがる。往々にして,レポートや論文の執筆者が内容のほうに集中しがちで目次のような節番号や見出しのバランスを見落としてしまうことがよくある。

Lesson 5

引用

 引用する時に注意すべきところは何？

　他人の書いたものを引用するのは一見すると簡単そうに見えるが，実に難しいことである。なぜなら，相手の内容をそのまま鵜呑みにしてあたかも自分の書いたもののようにすると，盗作と言われる程の重大な罪を課せられる。特に，大学の場合，単位を無くすどころか，除籍までさせられてしまうおそれもあるので，くれぐれも注意しなければならないことである。

　また，他人の書いたものは必ずしも正しいとは限らないし，丸写しにすると本当に相手の言おうとする意味が理解されているとも限らない。そこで，相手の書いたことと自分の書いたことを区別しておいたほうが無難だろう。区別するには，たとえば「船戸（2012）では／によると」と「筆者は」のようなマーカーを文の冒頭に示しておけば良いと思う。ここでは，論文やレポートでよく用いられている引用の書き方を紹介したい。

☞　引用箇所の著者や執筆者は名字のみ[4]
　　（たとえば，船戸はるな（2012）は…ではなく，船戸（2012）

---

[4]　中国人学習者が論文では参考文献の著者や執筆者の名字と下の名前まで書くことをよく見かけるが，日本語の論文では名字のみを書けば良い。

は…と書く。）また，直接引用の場合，該当内容のページ数も示す必要がある。たとえば，船戸（2012：9）では「……」と述べられている，などと書く。学生の論文では時々文献の内容を直接引用し，「○○○○○。」（田中 2012）のように引用先が最後に書かれていることを見かけるが，この書き方はあまり積極的にお勧めしない。

☞ 短い引用（表現や語句）の書き方
参考文献の中の言葉と同じ意味を表すのに，その言葉を少し書き換えて自分の表現にしてはいけない。たとえば，「理由を表さない『から』」（白川 1995）という表現を「理由ではないカラ」にしても，基本的に同じ意味を表すので，原著者の表現を引用したほうが良いだろう。ただし，言葉の概念やその用法が違っていれば，出典の言葉と違う経緯を明記しておけば良い。たとえば，本稿で言う「働きかけの理由の『から』」とは白川（1995）で用いられている「理由を表さない『から』」とは違い，話し手が相手に何かを働きかけるためにある情報を理由として提示するという意味を表す，云々。

☞ 長い引用（文章）の書き方
引用しすぎに注意。引用文は本文と区別するために1行を空けておく必要がある。また，引用文の右下に執筆者，出版年と引用箇所のページ数を（○○ 2012：120）のように示す。引用箇所のページ数を記す際，上記のような書き方で良いが，引用文の後に「○○○○○。」（P.120）のように大文字のPより，小文字のp.を用いて「○○○○○。」（p.120）

と書いたほうが一般的である。

☞ 引用中の引用の書き方
参考文献や資料Bを読む時，よくBの著者や執筆者が他の文献や資料Aを引用することがある。そこで，自分がBの著者や執筆者が，引用した箇所を自分の文献や資料で引用する場合，Bの著者や執筆者の書くところではなく，引用された箇所(A)の元の著者や執筆者とその文献や資料Aの内容を引用するべきである。ということは，Aの文献や資料を手に入れて読んでから，引用すべきである。また，まれに引用のミスが起こりうるので，引用する場合は，日本語文献にしても，英語文献にしても，日本語の訳本にしても，英語の訳本にしても，元の文献や資料から引用することをお勧めしたい。

　論文の引用表現に関して，清水（2010）は人文系論文計50編を調査対象とし，先行研究を引用している文の文末のテンス・アスペクトの使用とその引用節の形式との間の関係性を考察した。
　その考察の結果，引用文全体のテンス・アスペクト（ル形，タ形，テイル形，テイタ形）の用例数は次の表1にまとめられている。
　また，次の表2で示しているように，清水では「と以外＋間接引用」においては，著者フォーカス引用文（「田中（2001）は○○○ことを述べている。」）にも，事柄フォーカス引用文（「○○○ことが述べられている。（田中2001）」）にも「テイル形」のほうが高い使用率が見られた。「テイタ形」については，「と以

外+間接引用」の場合，著者の動作（「指摘」「分析」「考察」など）に焦点が当てられ，「タ形」が選択されることがあっても，事実の残存という点から考えると，著者フォーカスにせよ，事柄フォーカスにせよ，「テイタ形」は選択されないと考えられる。

表1　引用文全体のテンス・アスペクト

テンス・アスペクト	用例数
ル形	32（10.9%）
タ形	77（26.4%）
テイル形	176（60.3%）
テイタ形	7（2.4%）
合計	292（100%）

(清水 2010：58)

表2　両引用文におけるテンス・アスペクトと「と以外＋間接引用」

	著者フォーカス引用文	事柄フォーカス引用文
ル形	3（2.4%）	2（5.0%）
タ形	58（46.4%）	1（2.5%）
テイル形	64（51.2%）	37（92.5%）
テイタ形	0（0.0%）	0（0.0%）
合計	122（97.6%）	38（95%）

話し言葉と書き言葉の使い分けが必要なのか？

　日本に留学している日本語学習者の間では，仲良しのクラスメートや日本人の友達ができると，日本語で話す機会が書く機会よりずっと多くなるだろう。そこで，日本での毎日の生活環境や学習環境の中で，よく用いられる日本語は，どちらかと言えば，話すことと聞くことであろう。そのためか，上級日本語学習者でも文章にしばしば話し言葉の表現が用いられるのに気づく。たとえば，「どんな意味を表しているのか」（→「どのような意味を表しているのか」），「～ということについて調べてみたい」（→「ということについて調べたい」），「だんだんわかるようになる」（→「徐々にわかるようになる」），「それじゃ，次の例を見てみよう」（→「では，次の例を見てみよう」），「なぜかと言うと」（→「なぜなら」）などの日常的な会話表現である。おそらく思うがままに日本語の表現を書いたと見られる。

　確かに，インターネット上の通信伝達が発達するに連れて，「言文一致体」（または「おしゃべり文体」）という話し言葉でもなく，書き言葉でもなく，その中間的な文体が流行っている。仲間同士のメールやツイッターの文面は「言文一致体」のその例である。しかし，レポートになると，書き言葉の表現やより「堅い」表現が好まれる。

　次の表3と表4では，会話表現と文章表現のいくつかの例を示している。

表3 話し言葉と書き言葉の表現の違い

品詞類など	会話表現	文章表現
動詞の連用形	Vなくて／ないで Vていて Vていなくて	Vず／Vずに Vており Vておらず
疑問形	(ん)でしょうか Vますか どんな	(の)だろうか (の)か どのような
接続助詞	けど から たら	が ので ば／と
接続詞	だから それに でも	そのため／そこで／したがって また／なお しかし
副詞	大体 とても だんだん	ほぼ／およそ 極めて 次第に／徐々に
指示詞	こんな	このような／こうした
縮約形	じゃ Vてる Vなきゃ こりゃ	では Vている Vなければ これは
終助詞	わ, よ, ね, わよ, さ	使わない
その他	敬語	使わない
	和語 (勉強, 増える, 減るなど)	漢語 (学習, 増加, 低下など)

留学生の文章を見ると，友だちと話すなど，話し言葉の表現がそのまま文章に用いられてしまうことがよくある。上記の表の中の表現といえば，疑問形の「どんな」，指示詞の「こんな」，接続助詞「けど」「けれども」，接続詞「だから」「でも」，副詞「とても」「だんだん」などのものが多いようである。

表4 文章でよく用いられる表現

品詞類など	文章表現	日常的表現
呼称	筆者，著者	私，僕，本の執筆者
指示表現	本レポート，本論文，本稿	このレポート，この論文
	次節では	次の節では
	前掲	前に提示した
名詞	管見では	私の知っている範囲では
	当該の表現	それに当たる表現
	周知のように	よく知られているように
動詞	〜について述べる	〜について言う
	〜について記述する／論じる／論述する	〜について書く
	前述／後述	前に言った／後に言う
	機能を有している	機能を持っている
	収集したデータを用いる	集めたデータを使う
	〜と思われる／考えられる	〜と思う／考える
	〜を参照されたい	〜を参照してください
その他	Aまたは／もしくはBということが考えられる。	AかBということを考える。
	AおよびB	AとB
	〜である。 しかも，〜である。	〜です。 それに，〜です。

話し言葉と書き言葉の違いなら，説明しやすいが，同じ書き言葉でもレポートや論文でよく用いられる表現と違うものがあることも説明しなければならない。たとえば，前掲の表4のような日常的表現は話し言葉としても書き言葉として用いられる場合があるが，レポートや論文でよく用いられる表現とは違う。その相違点を説明するなら，カジュアルな表現とフォーマルな表現の違いにあると思う。要するに，これから出会う場面によりカジュアルウェアにするか，ドレスアップにするかその違いである。

　表4の「その他」に取り上げられた「および」と「と」は，厳密に言うと両方とも文章表現として用いられるが，両者の違いについて言えば，「Aおよび／及びB」はAもBも文字数のある長い表現ではよく用いられるのに対し「AとB」は一般に語と語や表現と表現（短いもの）の繋ぎに用いられる傾向がある。たとえば，以下，『日本語教育』と『社会言語科学』に掲載されているいくつかの論文の題目を例として見てみよう。

「日本語能力における非音声領域の客観的測定**および**言語運用能力の主観的評定に共通する潜在特性の項目反応モデリング」（大澤公一，150号，2011.12）
「農学系8学術雑誌における日本語論文の語彙調査―農学系日本語論文の読解**および**執筆のための日本語語彙指導を目指して―」（村岡貴子・影廣陽子・柳智博，95号，1997.12）
「高度専門職業人養成課程における日本人学生と留学生の協働作業**及び**ピア評価の試み」（藤森弘子，144号，2010.1）
「会話における見解交渉**と**主張態度の調整」（中村香苗，第14巻，第1号，2011）

「第二言語習得研究における社会的視点—認知的視点との比較と今後の展望」(義永美央子, 第12巻, 第1号, 2009)

「学術論文の構造型とその分布—人文科学・社会科学・工学270論文を対象に—」(佐藤勢紀子・大島弥生・二通信子・山本富美子・因京子・山路奈保子, 154号, 2013.4)

Lesson 6
図・表・注

 図・表・グラフには何の視覚効果があるか？

　レポートや論文は，作文や手紙のような短い主観的な文章ではなく，ページ数から言うと約8〜100ページ以上もある長文であるため，しかも理論を踏まえて個々の事象を検証・論証する，つまり客観的・抽象的な内容のものである。文章が長々と続いていると，重点が見えにくくなり，内容も整理できずに煩雑になってしまう。そこで，図・表・グラフのような視覚情報を持っているものを活用すると，伝えたい内容がわかりやすくなるし，内容を整理整頓する効果がある。たとえば，図は各項目の違いや文字情報を視覚的にかつ簡潔に示すことができ，表は内容を整理し区切りよく分類でき，グラフは，二つ以上の数量や関数の関係を図形に示したもので，数字の変化や推移を視覚的に捉えることができる。しかし，現在グラフは図として表現される傾向が見られる。これらは，長い説明文の後に付け加える「まとめ」と同じような効果を持っていると考えられる。

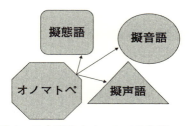

図1 日本語のオノマトペの分類

表 引用文全体のテンス・アスペクト

テンス・アスペクト	用例数
ル形	32 (10.9%)
タ形	77 (26.4%)
テイル形	176 (60.3%)
テイタ形	7 (2.4%)
合計	292 (100%)

(清水 2010：58)

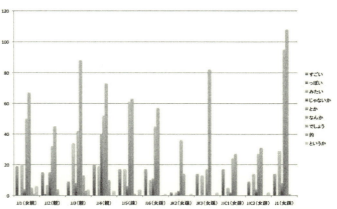

図（グラフ）2 女子大学生（親疎）の「曖昧表現」の使用頻度

(許 2014)

上記の図・グラフ，表にはそれぞれの題が付いているが，本来なら図の題は図の下，表の題は表の上にあるのであるが，現在図表が混同している場合もあるため，一応上から見るか下から見るかといった見る方向から題を付ける傾向が見られる。

　また，グラフと言うと，前掲の棒グラフ以外に，次に示す横棒になっている帯グラフ，円形になっている円グラフと曲線になっている折れ線グラフがある（佐々木ほか 2011：87-88）。

円グラフ
☞　全体の中のどのくらいの割合を占めているかを表す。

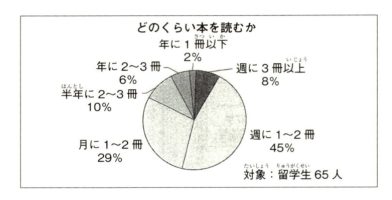

棒グラフ

☞ 各項目間の違い（量や頻度など）を表す。項目数の少ない場合に用いられやすい。

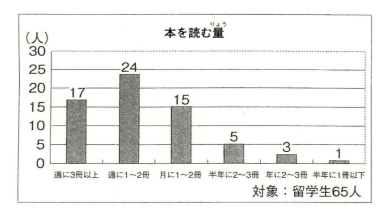

帯グラフ

☞ 各項目間の違い（量や頻度など）を表す。項目数の多い場合に用いられやすい。

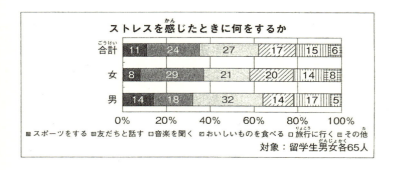

折れ線グラフ

☞ 各項目の経時的変化[5]を表す。次の表はそれである。

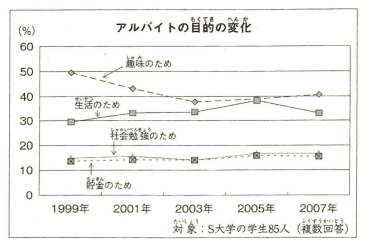

上述の図・グラフ、表は情報内容を視覚的に、かつ簡略にするのに対し、注はむしろ情報内容を補足説明する役割を担っている。『広辞苑』(1998:1724) で注を「本文の間に書き入れて、その意義を説明すること。そのような説明。」と記述されているように、注は「二次的な情報」と考えられる。注は一般に脚注とも呼ばれており、厳密に言うと、ページの最後に付く「脚注」と文書の最後に付く「文末脚注」の2種に分けられる。注の内容や数が多い場合、または文書の体裁の見栄えにより、「文末脚注」のほうが好まれる傾向がある。そうでない場合は、「脚注」のほうが選択されやすい。

---

5) 「経時的変化」とは時間の経過とともに何かが変化することの意味である。

Lesson 6 ドリル

下記のものは図と表のどれに当たるのかを考えてみよう。

1.

調査年月	調査協力者	表現Aの使用	表現Bの使用
2009	Ⅰ	↑	→
2010	Ⅱ	→	↓
2011	Ⅲ	↑	↑
2012	Ⅳ	↓	↑

2.

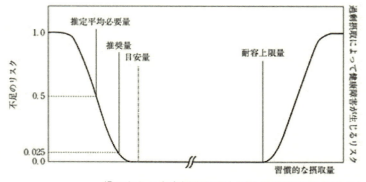

(「日本人の食事摂取基準」厚生労働省 2010 版より)

3.

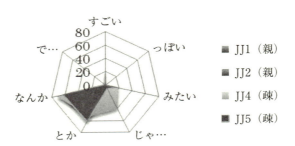

4.

解 答

1.

表1　調査協力者の表現使用量

調査年月	調査協力者	表現Aの使用	表現Bの使用
2009	Ⅰ	↑	→
2010	Ⅱ	→	↓
2011	Ⅲ	↑	↑
2012	Ⅳ	↓	↑

2.

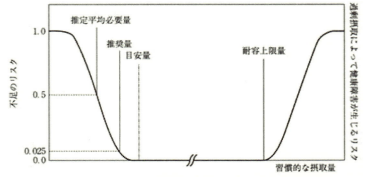

図2　食事摂取基準の各指標を理解するための概念図
（「日本人の食事摂取基準」厚生労働省2010版より）

3.

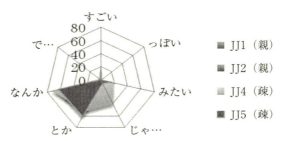

図3 女子大学生（親疎）の「曖昧表現」の使用頻度

4.

図（写真）4 日本語研究会

Lesson 7

まとめ　今後の課題

「まとめ」には単に研究結果をまとめればいいか？

　論文やレポートの全体を書き上げたら，最後の章の「まとめ」は簡単だと思われるかもしれないが，油断してはいけない。なぜなら，「まとめ」は本論文の内容をまとめるのではなく，最初の問題提起や動機目的にもう一度振り返ってこれらに沿って研究を進めて最終的にどのような結果が得られたのかを反省し，まとめて述べなければならない。もちろん素晴らしい研究成果が得られたものもあることもあるが，完璧な研究成果はそれほど多くないだろう。そうでなければ，これまで同じ分野やテーマの枠内で繰り返して研究が行われてきたこともないと思う。また，限られている時間や労力で行った研究はその時間と空間に限るものに過ぎないと思う。だから，先行研究を踏まえて更に研究を進めていくというわけだ。結果的に，新しい発見が出た場合は大変評価されるが，新しい発見がなくても，がっかりすることはなく，従来の見解や仮説通りに科学的に実証されれば，それなりの研究価値があるはずだ。

　また，「まとめ」とは，レポートや論文の全体を凝縮したものでもあり，単にこれまでに述べられてきたことをコピーして「まとめ」として提示するだけでは重点やセールスポイントが見えてこないこともある。アンケート調査，フォローアップ・

インタビューによる調査報告にせよ，文献による検証結果にせよ，「まとめ」ではレポートや論文の重点やセールスポイントをもう一度まとめて表に簡潔に示すとわかりやすくなるだろう。表は，特に項目の多い場合や項目間の相違を示す場合に用いられると良い。

　前述の通り，限られた時間と空間で行った研究ということで，時間をかければ，またはデータを増やせば，もっと良い研究結果が得られるかもしれない。その場合，自分の研究結果をもとに自己評価し，不足しているところや残されている未解決・未考察の課題をまとめ，今後の課題として明記すれば良いと思う。このような客観的な自省は自分の研究の欠点を暴くのではなく，むしろ自分がしっかりと研究の大切なところを見極めているという好印象を読み手に与えることができる。

キーワードの選択基準は何？

　レポートにはキーワードが書かれているものがそれほど多くないだろうと思うが、小論文や論文は、論文や分野の検索の利便さを図るため、キーワードの付いているものが多く見かける。ようやく論文を完成させ、やれやれと一見落着と思ったところに、キーワードを書くくらいは簡単だろうと思われがちであるが、全論文のポイントを絞り込むような作業は意外とそう簡単ではないだろう。というのは、論文にはおよそ3つ～5つのキーワードを付けるのが多いと見られるため、この3つ～5つの言葉で全論文のポイントを晒しだしているようなものである。

　過去に日本語学習者に論文の要約を読ませてその内容を紹介できるようなキーワードを考えてもらったところ、論文のテーマや内容と直接関係していない「一層」「多数」などの言葉が出た。また、「相互評価」のような言葉を1つのキーワードとするか、「相互」と「評価」の2つのキーワードとするかについても戸惑う学習者がいた。キーワード（Key word）の意味さえ知らない学習者もいた。その多くの学習者たちは、まだ論文のような形式のものを書いたことはないようである。

　では、キーワードの意味を見てみよう。『広辞苑』（1998：624）では、キーワードとは「文意などを解く上で重要な鍵となる語」、または「情報検索の手掛かりとするため、その検索対象の特徴を表すものとして索引に取り出した語」と記述されている。キーワードの出現は、おそらくデジタル化が盛んになってきたこの時代にインターネットや検索マシンで学術論文などを簡易に検索できるようになったことがそのきっかけではないかと考えられる。

キーワードを決める際の基準は，上述の「問題の解明や内容の理解の上で，重要な手掛かりとなる語」と考えれば良いが，キーワードと言いながら，字数や表現の長さを気にせず「キーフレーズ」のような長い語句を書いてしまうと，バランスが悪くなり，落ち着きがよくなくなるだろう。ここは，「ワード」と「フレーズ」の微妙な違いではないだろうか。

Lesson 7 ドリル

下記の論文要旨のキーワードを5つ考えてみよう。

要旨

　人文科学，社会科学，工学の3領域9分野14学会誌合計270編の日本語学術論文を対象に，15の構成要素を設定して中間章の構造分析を行った。その結果，《実験／調査型》，《資料分析型》，《理論型》，《複合型》の4つの基本類型とその下位分類としての11の構造型が抽出された。これらの構造型の分野別の分布状況を調べたところ，工学領域では典型的なIMRAD形式を持つ《実験／調査型》が圧倒的であり，一部に《理論型》が存在することが確認された。一方，人文科学・社会科学の領域では，多様な構造型が混在する傾向が見られた。これらの領域では《資料分析型》が共通して認められたが，その出現率には分野によって大きな差があり，一部の分野では《実験／調査型》が優勢であった。論文の構造型は分野によって決まる場合もあるが，むしろ研究主題や研究方法に応じて選定されるものであり，留学生の論文作成・論文読解の支援を行う際にその点に留意する必要がある。

(佐藤ほか 2013：97)

解 答

【キーワード】学術論,中間論,構成要素,構造型,IMRAD 型

* IMRAD モデルとは Introduction, Materials and Methods, Results and Discussion(緒言・材料と方法・結果・考察)のことであるという。
* 中間章とは「考察」に当たる部分のことである。

Lesson 8
参考文献・資料

 参考文献・資料を並べるだけではだめ？

　参考文献は論文の最後に書く大切な部分になる。参考文献と引用文献という表現をよく耳にするが，両者は実に違う。特に論文のような紙幅のある場合は，参考文献を書けば良いが，発表レジュメのような数ページしかないものは，引用文献を書くほうが良い。参考文献の場合は，自分の論文に関する著書や論文を読んだことがあるものなら，文献リストに書けば良い。書く時は日本語文献ならあいうえお順で，英語文献ならabcde順で並べるのが肝心である。

　論文や複数の執筆者の一人が書いた1章（著書）のようなものは，題目に「〇〇〇〇〇」とカギ括弧を付けて書くのに対し，雑誌や著書のようなものは，雑誌名や書名に『〇〇〇〇〇』と二重括弧を付けて書く。勿論，雑誌や著書に掲載されている論文やチャプターを書く場合は「〇〇〇〇〇」『△△△△△』と書くことになる。論文やチャプターのページ数も忘れずに書いておこう。

　論文や著書の参考文献の書き方は以下のようになる。

池田順子・深田淳（2012）「Speak Everywhereを統合したスピーキング重視のコース設計と実践」『日本語教育』152号，

pp. 46-60

尾崎明人（2002）「日本語母語話者と非母語話者の会話における『聞き返し』：フォローアップ・インタビューの一例」『言語研究の方法』pp.181-185

田守育啓（2003）『〈もっと知りたい！　日本語〉オノマトペ　擬音・擬態語を楽しむ』岩波書店

　前掲の論文のページ数を書くときのpp. ○○-○○のpp.とは何ページから何ページまでの意味を表している。大文字のP.○○-P.○○で書くのを見かけるが，一般には小文字のpp.で書く傾向がある。

　論文，著書，雑誌（紀要を含む），報告書は一般に同じ文献リストに書くが，その他のもの，たとえば辞典類，日本語教科書，例文出典（漫画，他の書物等）は上記の文献リストとは別に書く。

　参考文献は専門分野によって書き方が若干違うところがあるため，その専門分野の代表的な文献に掲載されている文献リストを参考にすると良い。

　研究書や教科書等の場合，裏表紙の下に「○○年○月○日　第1刷　発行」のような表示が示されている。「第○刷」の数に拘らず参考文献にはその第1刷の年月日を記せば良い。しかし，第1版の次の第2版やその後の改訂版になった場合，参考文献には第1版の日付を記すのではなく，一番新しい版（または改訂版）の日付を記さなければならない。なぜなら，「刷」は本の内容と関係なく印刷回数を意味するのに対し，「版」は内容の修正・加筆を含めたものであるため，本の内容が新しくなったことを意味する。従って，参考文献には同じ本であって

も，その内容が新しくなったものを提示するべきである。

　次は参考資料の話になるが，現在インターネット上で情報の検索がしやすくなっているため，電子版の論文や報告書等のファイルのダウンロードもできるようになっている。電子版の論文や報告書であっても，URLと閲覧日付のみを書くのではなく，その資料の掲載されている執筆者名，論文集名や報告集名，出版元，何巻何号のものかも書かなければならない。

　一方，インターネット上のデータ資料で特にその掲載雑誌や報告集がなければ，資料名に「〇〇〇〇〇」とカギ括弧を付けてから，そのURLの閲覧の日付を書き加えれば良い。閲覧の日付（〇年〇月〇日）を書かなければならないのは，URLが常に更新され，閲覧した年月日のページが常に同じ内容で維持されているとは限らないからである。場合によっては，時間が経てば，そのURLが削除され，ページ内容が無くなってしまうこともあるため，執筆者の閲覧した年月日を明記する必要がある。

　参考資料は電子資料の場合，前述の論文や著書の文献リストと分けて別に書くことになる。

　本章の最初のところにも触れた引用文献の話に戻るが，引用文献は紙幅制限のあるもの，たとえば発表レジュメに書く。レジュメの中で話に触れているまたは引用している文献資料のみを文献リストに書けば良い。そもそもレジュメは，発表者が相手に伝えたい最も大切なことを書かなければならないので，文献リストの並びよりは，スペースを節約して内容の充実さに当てるほうが肝心である。

Lesson 8　ドリル

下記の文献資料を用いて参考文献のリストを作ってみよう。

1．著書

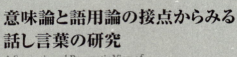

意味論と語用論の接点からみる
話し言葉の研究

A Semantic and Pragmatic View of
Spoken Japanese and Chinese

許夏玲 著

白帝社

2. 論文（枠で囲まれているもの）

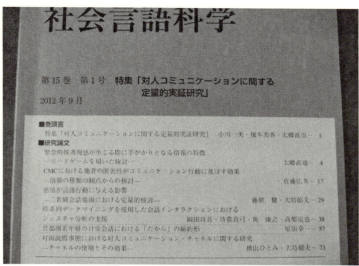

論文名：首都圏若年層の日常会話における「だから」の縮約形
著者　：原田幸一

3. インターネットの掲載資料 http://www.koho2.mext.go.jp/182/
(2015年6月18日付)

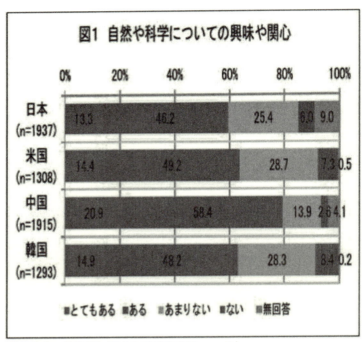

(「高校生の科学等に関する意識調査について」
『文部科学広報』2015年1月号より)

解 答

参考文献

許夏玲 (2010)『意味論と語用論の接点からみる話し言葉の研究』白帝社

原田幸一 (2012)「首都圏若年層の日常会話における『だから』の縮約形」『社会言語科学』第 15 巻，第 1 号，pp.57-72

参考資料

「高校生の科学等に関する意識調査について」『文部科学広報』2015 年 1 月号 http://www.koho2.mext.go.jp/182/（2015 年 6 月 18 日閲覧）

Lesson 9
研究資料

 調査用紙や文字化資料を添付する必要があるか？

　論文やレポートの本文には紙幅の都合により，1〜2ページ以上かかるようなアンケート調査用紙，または会話データの文字化資料を挿入してから論を展開していくのは，話が途切れてしまうし，前後の繋がりがわかりにくいし，読みにくいと思う。前述の通り，本文で調査項目とその結果等を個別に論じるのは良いし，または会話の一話段を例として提示して論じるのも良い。ただし，それだけでは研究の基になる資料の全体が見えず，各調査項目間の関連性や会話全体の構造，話の流れ等がわかりにくいため，せっかく苦労して収集した研究データを添付資料としてぜひ論文に付けてもらいたい。しかし，これらの資料はあくまでも二次的なものである。論文やレポートの一番の最後（参考文献の後）に付ければ良い。

　添付資料を論文に付ける時は，資料に特に見出し番号を振らなくても良いが，添付資料と記しておく必要がある。また，資料が異なる場合は，添付資料1，添付資料2…のように記す。アンケートの調査用紙や文字化資料は，どのようにデータを収集したのかを反映するため，元のものを使わなければならない。使用済みの調査用紙や文字化資料にその後，何か間違いを見つけても修正はしないほうがいいと思う。

文字化資料の場合は，1会話（たとえば15分程度の会話）に当たるページ数が6〜10枚もあるため，どの会話なのか，会話参加者が誰なのか，いつ行われた会話なのかを明記する必要がある。

　録音の会話データを文字化する場合，会話内容を書き留めるのみではなく，できれば会話の現場が再現できるように発話の重なり，沈黙時間，非言語行動などを記す必要がある。また，個人のプライバシーにも配慮しなければならないため，名前や個人を特定する情報の記載を避けなければならない。一般に文字化資料の最初に表記を記しておく。次の文字化資料はその1例である（許2011）。

表記

J　　日本語母語話者（女子大学生）
C　　中国人日本語学習者（女子大学生）
｜　｜　　発話の重なり
〈　　〉　　非言語行動
□　　　　沈黙時間（秒単位）
081215CJ2（女子大学生同士）［疎］

（会話データの収集日付，協力者情報（親疎関係など））

（*1〜26の会話データを省略した。）

27	J	最初に来たときから長くいる予定だったんですか？
28	C	
29	J	はい
30	C	あー 1.5 特に予定とか思ってなく　ま最初のころは
31	J	
32	C	ただ日本語をちゃんとした日本語を勉強したいっていうのは
33	J	｜はい｜　　　　　はい
34	C	もう向こうから来るとき｜から｜思ってたので
35	J	はい
36	C	日本語を勉強して　まあ単純なんですけど日本語を勉強して
37	J	あー
38	C	向こうに帰って日本語の先生になるみたいな
39	J	はい
40	C	ほんとに単純など動機というかあれだったんですけど
41	J	
42	C	まあそれで日本に来てずっと
43	J	｜はい｜
44	C	うんもうそうやって勉強していくというか｜まあ｜
45	J	｜へー｜
46	C	アルバイトしながら勉強しながらみたいな｜感じでずっと｜
47	J	〈笑い〉　　　すごいですね
46	C	いまだに日本にいます〈笑い〉みたいな　　　はい

会話データを文字化する際の表記は，研究者によって多少違うのだが，基本的な表記方法が大体似ているところもある。たとえば，｜　｜は発話の重なり，［　］または〈　〉は付加情報や非言語的情報に用いられることが多く見られる。聞いた情報によると，文字起こしの作業を専門の企業に委託することもできるが，費用がけっして安くないという。さて，文字起こしではどこまでを 1 発話文とするのかを考えなければならない。宇佐美（2011）では，「発話文」を会話という相互作用の中における「文」と定義している。また，基本的に，一人の話者による「文」をなしていると捉えられるものを「1 発話文」と見なしている。しかし，実際の会話では，話し手が必ずしも最初から最後まで 1 発話文を完成した形で発することはなく，途中で言い止まったり，1 語（「文字化？」）を発したりするなど，様々な未完結な発話のパターンが見られる。以上のことを踏まえて，「発話文」の認定には，「話者交替」「間」という 2 つの要素が重要になると宇佐美が指摘した。

　前掲のような会話の文字起こしの方法以外，次のような方法もある（宇佐美 2011：3 ～ 4）。

1A　不景気で（はい）なんか会社もなくって…。
2B　あはーそうですか。
3A　《沈黙 4 秒》あの，あれですよね，なんか社会人が，1 年
　　　目っていうのはかなり厳しいもんがありませんでした？。
4B　社会人…，そうですね。
5A　うん何年目も厳しかったけど…〈笑いながら〉。

　前述の会話例において，1A の途中に聞き手のあいづちが入

っているが,発話が途切れていないため,1発話とする。また,3A では,「あの,あれですよね」のようなフィラーが後の発話と繋がっているため,全部で1発話とする。5A では,「〜ですけど…」のように余韻を残しながら,笑いでぼやかしているところを含めて1発話とする。

　以下,宇佐美(2011)の「基本的な文字化の原則」で用いられた記号の凡例を示す。

発話文終了に関する記号

。　　　［全角］1発話文の終わりにつける。

"　　　発話文の途中に相手の発話が入った場合,前の発話文が終わっていないことをマークするためにつけ,改行して相手の発話を入力する。

*　　　発話文が終了するごとに,「*」を「発話文終了」セルに記入する。つまり,発話文番号と発話内容中の句点「。」と「*」の数は必ず一致する。このように,「発話文終了」と「発話内容」と2つのセルで二重に確認する。

/　　　発話文が終了していないラインの「発話文終了」セルに記入する。発話内容中の「"」と「/」の数は必ず一致する。

発話内容の記述に関する記号

、　　　［全角］1発話文および1ライン中で,日本語表記の慣例の通りに読点をつける。なお,慣例として表記する箇所に短い間がある場合は,「,」をつける。

　　　　［全角］発話と発話のあいだに短い間がある場合につける。

| ` ` | ①［全角］複数読み方があるものを漢字で表す場合，最も一般的な読み方ではなく，特別な読み方で発せられたことを示すために，その読み方を平仮名で` `に入れて示す。

②［全角］通常とは異なる発音がなされた場合など，音の表記だけでは意味が分かりにくい発話は，` `の中に正式な表記をする。

『 』　［全角］視覚上，区別した方が分かりやすいと思われるもの，例えば，本や映画の題名のような固有名詞や，発話者がその発話の中で漢字の読み方を説明したような部分等は，『 』でくくる。

""　［全角］発話中に，話者及び話者以外の者の発話・思考・判断・知覚などの内容が引用された場合，その部分を""でくくる。

?　疑問文につける。疑問の終助詞がついた質問形式になっていなくても，語尾を上げるなどして，疑問の機能を持つ発話には，その部分が文末（発話文末）なら「?。」をつける。倒置疑問の機能を持つものには，発話中に「?,」をつける。

??　確認などのために語尾を上げる，いわゆる「半疑問文」につける。

［↑］［→］［↓］　イントネーションは，特記する必要のあるものを，上昇，平板，下降の略号として，［↑］［→］［↓］を用いる。

《少し間》　話のテンポの流れの中で，少し「間」が感じられた際につける。

《沈黙 秒数》　1秒以上の「間」は，沈黙として，その秒数を

　　　　　左記のように記す。沈黙自体が何かの返答になっているような場合は1発話文として扱い1ラインを取るが，基本的には沈黙後に誰が発話したのかを同定できるように，沈黙を破る発話のラインの冒頭に記す。

< >|<|
< >|>|　同時発話されたものは，重なった部分双方を<　>でくくり，重ねられた発話には，<　>の後に，|<|をつけ，そのラインの最後に句点「。」または英語式コンマ2つ「,,」をつける。また重ねた方の発話には，<　>の後に，|>|をつける。

= =　　改行される発話と発話の間（ま）が，当該の会話の平均的な間（ま）の長さより相対的に短いか，まったくないことを示すためにつける。これは，2つの発話（文）について，改行していても音声的につながっていることを示すためである。その場合，最初のラインの発話の終わりに「=」をつけてから，句点「。」または英語式コンマ2つ「,,」をつける。そして，続くラインの冒頭に「=」をつける。[6]

…　　文中，文末に関係なく，音声的に言いよどんだように聞こえるものにつける。

【【 】】　[全角] 第1話者の発話文が完結する前に，途中に挿入される形で，第2話者の発話が始まり，結果的に第1話者の発話が終了した場合は，「【【 】】」をつける。結果的に終了した第1話者の発話文の終わりには，句点「。」

---

6)　表計算ソフトでは「=」が数式と判断される。それを避け文字として認識させるため，「=」の前に「'」（アポストロフィー）をつけるなどの処置をする。こうすると，紙面上には「=」だけが表れる。

の前に【をつけ，第2話者の発話の冒頭には】】をつける。

[ ]　　文脈情報。その発話がなされた状況ができるだけわかりやすくなるように，音声上の特徴（アクセント，声の高さ，大小，速さ等）のうち，特記の必要があるものなどを［ ］に入れて記しておく。

( )　　短く，特別な意味を持たない「あいづち」は，相手の発話中の最も近い部分に，（ ）にくくって入れる。

< >　　笑いながら発話したものや笑い等は，＜ ＞の中に，＜笑いながら＞，＜2人で笑い＞などのように説明を記す。笑い自体が何かの返答になっているような場合は1発話文となるが，基本的には，笑いを含む発話中か，その発話文の最後に記し，その後に句点「。」または英語式コンマ2つ「,,」をつける。

(< >)　相手の発話の途中に，相手の発話と重なって笑いが入っている場合は，短いあいづちと同様に扱って，（＜笑い＞）とする。

#　　　聞き取り不能であった部分につける。その部分の推測される拍数に応じて，＃マークをつける。

「 」　　［全角］トランスクリプトを公開する際，固有名詞等，被験者のプライバシーの保護のために明記できない単語を表すときに用いる。

発表資料を作成するにあたっての注意点は何？

　レポートや論文の完成に向けてその中間報告または成果報告を発表することがある。レポートや論文の内容さえ整っていれば，発表内容を発表資料にまとめるのも簡単な作業になるが，中ではパワーポイントファイルで発表資料を作成する際，細かな注意点があるのに意外と見落としてしまう人が少なくない。

1. 箇条書きで重点を抑えておく

　レポートや論文の紙幅はパワーポイントの枚数と等しいのではないことを念頭に入れておく必要がある。文章だったら何十枚も書けるが，パワーポイントの資料なら20分間の発表では15～18枚になるだろう。如何に多くの内容を限られている範囲で収められるかを工夫しなければならない。

図1　学生の作成したパワーポイント資料

前掲の図1の資料内容を重点書きにすると、次の図2になる。

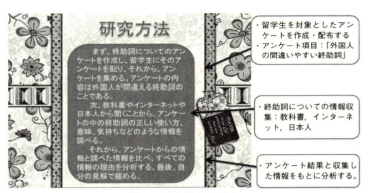

図2　重点書きの場合

右上：
・留学生を対象としたアンケートを作成・配布する。
・アンケート項目：「外国人の間違いやすい終助詞」
右中：
・終助詞についての情報収集：教科書，インターネット，日本人
右下：
・アンケート結果と収集した情報をもとに分析する。

　発表時間が少なければ、または発表資料の紙幅が少なければ少ないほど、発表内容をまとめるのが難しくなることを覚えておこう。文章の内容を段落ごとにパワーポイントの資料に丸写しをしてはいけない。なぜなら、発表を聞いている人たちは必ずしも専門家でもない、研究内容をよく知っている人でもないため、発表者が内容を読み上げているより聞いている人たちのほうが内容を読みながら理解するのに時間がかかるだろう。ま

して文章のような資料を読みながら発表者の話を聞くのもなかなか難しいため,結果的に相手が読むことまたは,聞くことに集中してしまうだろう。もし聞いている人たちは外国人学習者だったら,なおさら発表者が箇条書きで簡潔に重点を提示しておく必要がある。

　筆者がかつてゼミの留学生に発表者が作成された発表内容のレジュメをほかの学生に配布し,またパワーポイント資料をもとに発表するように指示したことがある。すると,レジュメもパワーポイントの資料も同じ内容となっているのに気づいた。ふっとゼミの学生を見てみたら,みながレジュメに没頭しており,誰も発表者とパワーポイント資料のほうを見ていなかった。せっかく作成された資料も無駄になってしまう。レジュメは文章のスタイルが多いのに対し,パワーポイント資料は重点書きのスタイルが多い。ゆっくりと読むのならレジュメのほうが,内容が詳しくて良いが,発表時の限られている時間と話のスピードで内容の「消化」に良いパワーポイント資料をお勧めしたい。また,パワーポイント資料のほうに聞き手の視線を集めやすいため,発表者が聞き手の表情や反応を伺いやすいのもメリットである。

2. 図表の見やすさや字の大きさに気を配る

　発表者がデスクトップでパワーポイント資料を作成しているが,デスクトップからの距離が約14～20センチしかないので,図表や字の大きさや見やすさに問題がなくても発表会場でスクリーンへ写した後の見やすさと観客席の距離からの見やすさを念頭に入れて資料を作成しなければならない（次の図3,p.92を参照されたい）。この点については意外と上級者でも見落と

してしまうことが多く見られる。複雑なまたは細かな図表は限られているスペースのパワーポイント資料で提示せず，配布資料または予稿集に提示しておくと良いだろう。

　一つ言っておきたいことは，パワーポイントのスライドの大きさで示せる図表はかなり限られているため，パワーポイントの資料に図表を載せたのに，字や絵が小さすぎて，あるいは細かすぎて，結局よく見えずに発表者が冷や汗をかくケースがよくある。

　筆者の授業では，学生がプレゼンテーションの資料を時々明朝体の文字で作成したりするが，すると後ろの5〜6列目の席から見ると字の線が細く見えて，パッと見たときの印象が薄れてしまう感じになる。言葉で言うとなかなかイメージがはっきりと浮かばないと思うが，以下の文字のフォントの違いを見てみよう。

2.　研究動機と目的
2.　研究動機と目的

（同じ文字の大きさ（12ポイント）にしても文字の濃さで印象が違う。）

　また，今度は同じ文字のフォントでも大きさが違うと見やすさも違ってくる。たとえば，次の違いを見てみよう。

4.　**日本語学習者の動機**　　　（12ポイント）
4.　**日本語学習者の動機**　（16ポイント）

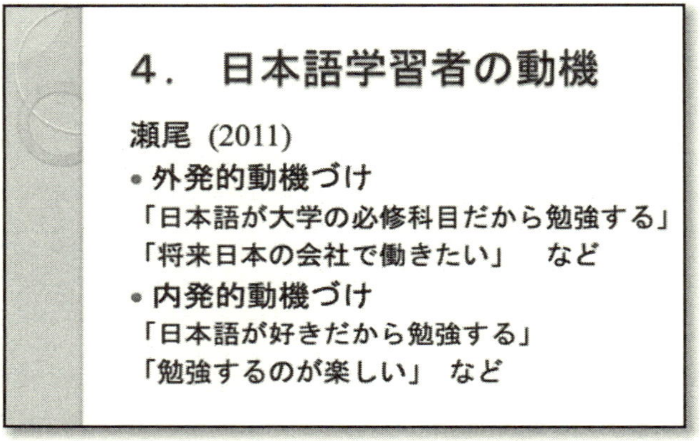

図3 発表資料

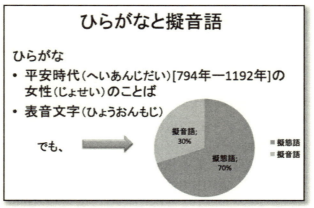
図4 パワーポイント資料

　たとえ発表の時間が限られていても,パワーポイント資料のスライドの枚数は特に制限されていない。1枚のスライドに文字をたくさん詰めすぎると,どうしても文字のサイズが小さくなってしまうため,箇条書きというポイントを抑えながら,1

枚のスライドに詰め込まずに何枚かのスライドに書き分けたほうが見やすいだろう。

3. アニメーション機能を活用する

　パワーポイントのもう一つのメリットはアニメーション機能である。一般に、紙媒体の資料は、一次元的で静的なものであるのに対して、パワーポイントのスライドでは、アニメーション機能を活用すれば、二次元的で動的なものを作成できる。まして、音声も加えると三次元的なものにもなる。これらの機能は、動画のようなものと同様に見る側の注意を引きつけることができる。

　また、パワーポイントのスライドに使えそうな絵や画像のデータファイルを随時フォルダーに蓄積しておけば、必要な時にすぐ適切なものを見つけるため、便利である。

　次の図は、筆者の作成したパワーポイントの授業資料である。付箋機能で解答を隠して、授業中にクイズとして学習者に提示して考えさせることができる。そして、投影スクリーンを巻き上げれば、黒板にスライドが映っているため（教室の黒板の前にスクリーンが付いている場合）、付箋してあるところに学生に解答を書かせることもできる。

```
テンス・アスペクト  クイズ
    「する」「した」「している」

1. 田中さんは1時間ほど前に帰りました 。
2. 打合せは6時に 終わります 。
3. この2、3日よく咳が 出るんです。
4. ＜答えを見て＞わかった。わかった 。
5. 毎朝、生卵をかけたごはんを食べる。
```

図5　クイズ問題の解答

```
        クイズ
「する」「した」「している」

1. 田中さんは1時間ほど前に[　　　]。
2. 打合せは6時に[　　　]。
3. この2、3日よく咳が[　　　]です。
4. ＜答えを見て＞わかった。[　　　]。
5. 毎朝、生卵を[　　　]ごはんを食べる。
```

図6　付箋機能

```
        クイズ
「する」「した」「している」

1. 田中さんは1時間ほど前に[ 過去 ]。
2. 打合せは6時に[ 未来 ]。
3. この2、3日よく咳が[ 現在 ]です。
4. ＜答えを見て＞わかった。[ 発見 ]。
5. 毎朝、生卵を[ 完了 ]ごはんを食べる。
```

図7　クイズ問題の解答の説明

前掲のスライドのように，プレゼンテーションの際，発表者の話のスピードに合わせながら，逐次的に情報を提示することができるのもパワーポイントの良さと言える。というのは，発表者が自分の情報提供のタイミングをコントロールできることである。また，近年，学校教育で普及しつつある電子教材とかなり近いものをパワーポイントで作成できるため，様々な教材の作成が期待できると考えられる。

Lesson 10

謝辞

 論文指導の先生や協力者への謝辞を付けるべきか？

　感謝されたい気持ちはきっと誰にもあるし，感謝されると誰でも喜ぶに違いないだろう。一般にレポートを仕上げるのに6か月〜1年間がかかり，また修士論文を仕上げるのに2年間がかかり，博士論文を仕上げるのに3年以上もかかる場合もある。その間，指導教員や助言をいただいた先生方や協力者に論文の完成に伴う感謝の気持ちを表すために論文に謝辞を付けるべきだと思う。

　ここで謝辞によく用いられるいくつかの表現を紹介したい。

・本研究の調査にあたり，○○○○○（協力先や機関名）の皆様にご協力をいただいた。ここに記して感謝の意を表したい。
・本稿をまとめるにあたり，有益なコメントをくださった○○○○（人名）氏に心から感謝したい。
・本研究をご指導いただいた○○○大学○○○○（所属・人名）教授／先生に厚く御礼申し上げる。

　しかし，論文が書き終わったばかりに内容や誤字・脱字のチェック等はまだしていないし，指導教員もよく論文を読んでいないのに論文にもう謝辞が付いているものがたまにある。謝辞

が付いていると，指導教員の名前が挙っているし，指導教員としての自分はそのような謝辞を見るとなんだか無形なプレッシャーがかかってくるような感じがする。なぜなら「指導教員の名前が挙がっているから，この論文をしっかりと指導しないと指導教員の責任になるよ」という意味も捉えられるからだろう。

よく考えてみると，人に「ありがとうございました」と感謝の言葉を言うのは，ある事柄が終わった場合である。論文のチェックをこれからしなければならないのに謝辞を付けるべきでない。

では，謝辞をいつ付ければいいかと言えば，筆者の意見ではレポートの提出前や論文の口頭試問が終わって製本（製本は約1週間）に出す前がいいのではないかと思う。これで一見落着という意味も含めてお世話になった方々に感謝の意を表すのは良いと思う。

ここでは，謝辞のほかに論文に対する補足説明でよく用いられる表現も紹介しておこう。これらの表現を「付記」と言う。付記も謝辞と同様に決まった表現がいくつかある。たとえば，下記の表現はその例である。

・本稿は2012年1月21日，○○○学会の研究大会にて口頭発表したものである。
・本稿は2012年1月21日，○○大学に提出した修士論文（または博士論文）の一部を書き改めたものである。

上記のような表現で論文の末尾に補足を付け加えるのは，特に該当論文をどこかの学会誌や研究誌に投稿する場合に必要である。なぜなら，投稿論文の条件の一つとして未発表のものに

制限されているため，既に口頭発表や提出された論文の内容であれば，「未発表」という範囲に抵触してしまうからである。しかし，口頭発表であろうが，修士論文であろうが，これらの内容をもとに修正・加筆してあれば，新しい内容が加わった状態の論文が未発表のものなら投稿論文として受付されるだろう。

Lesson 11
対照研究

 異文化や対照比較の観点から見た言語行動の研究とは？

　異文化コミュニケーションや異文化摩擦等の表現をよく耳にするが，民族も違うし，生まれ育ちの環境も違うのだから，まして言語も違うことからコミュニケーションギャップが生じる場合もあるということで，お互いの考えや文化習慣が違うのは当然のことだろう。もっと身近に振り返って見ると，同じ屋根の下で暮らしている家族成員，夫妻，親子，兄弟，広く言えば同じところにいる友達，地域の人々等とさえ喧嘩することがあるのだから，まして違う国，違う民族，違う言語から生まれる異なる文化があっても当然のことだと思う。様々な違いの中で，なおお互いにコミュニケーションを行おうとする努力には敬意を払うべきだと思う。

　では，異文化関連のことを研究テーマとすると，ただA文化にはAの特徴がある，B文化にはBの特徴があると述べても何の意味もないと思う。むしろA文化とB文化の共通点や相違点，またこれらの違いに寄与しているその理由や背景まで探らなければならない。文化が違っても当然ながら，結果的に何を論じたいのか，どんなことを示唆しているのか，我々の現実社会に戻って現実との接点を明らかにしないと論文やレポートの価値（売り物のように）が下がってしまうと思う。同様，

異文化摩擦について論じても，その摩擦を引き起こす背景や理由等を考察しないと，またそれらに対して我々が何をすべきか，未然に防止できないか，などの提案を提示しないと，ただの現況報告になってしまうに過ぎないだろう。

　筆者が実際指導した論文の経験談を話そう。職場の異文化摩擦について先行研究では論じられてきたが，これらの摩擦が起こる原因をビジネス日本語教育に反映させ，日本語教育の観点からビジネス人材を育てるための実際の場面に対応できる会話ドリル，問題点を解決できるスキルや現場への理解を深める豆知識等，いわゆる未然に防止する策を講じれば良いと思う。

　対照言語研究の観点から見る言語行動も同様，Aには何がある，Bには何があると述べるのではなく，言語は文化の鏡と言えるほど言語使用と人々の行動にはその民族の考え方や文化が反映されているため，最終的に異文化を論じることになるし，また日本語教育の観点も加わると，学習者にどのように効果的に教えられるのかまで繋がることになる。

「多文化」の中の日本文化をどう見るか？

「多文化主義」と言えば，いくつかの文化が存在する一つの社会集団において，どの文化も同等の立場で扱われるべきだという主張であるが，日本はアメリカやヨーロッパほど多文化ではないと考えられる。しかし，世界を一つの社会に例えるとすれば（理想的に考えて），様々な文化の中に日本文化があると言えるのではないかと思われる。岡本（2008）では，次のような見解を示している。

「世界のことわざや格言は，意味が似ているものが多くあり，人間に共通する経験や価値観の普遍性に驚きます。しかし，よく見ると，その国の論理や形式，もののたとえ方の差異があることに気づきます。ある言語を話す人には，その言語ならではの特有の思考方法や世界観があって，言語と文化の関係が見えてきます。」
（岡本 2008：78）

そして，岡本で述べられているように，日本語に表れる日本文化の特徴，「受身文」のような受動的な発想（雨に降られた），和を重視する「二重否定表現」（時間がないわけはない），「敬語表現」（駆け込み乗車はご遠慮ください），高コンテキストによって支えられている「察し表現」（ちょっとそこまで），「比喩表現」（頭がうまく回転しない）などを挙げられる。

ここでは，筆者の過去の研究（許 2014）から一つ事例を挙げてみよう。日本語は「曖昧表現」[7]の多い言語であると外国人学

---

7) 「曖昧」の「曖」は「暗い」，「昧」は「態度や物事の輪郭がはっきりしない」という意味を表す。

習者によく思われているようであるが，日本語母語話者は相手とのコミュニケーションが円滑に行われるようにこれらの表現を用いていると考えられる。また，近年「若者語は言葉の乱れ」という話を耳にするが，若者（10代〜20代）の流行語では形態的派生形，意味の転換，曖昧さなどの特徴がよく見られると先行研究（桑本2002など）で指摘されている。そこで，筆者は若者の日常会話によく用いられる「曖昧表現」の使用実態を調べ，それらの本来の意味機能と話し言葉における機能の変化を分析した。

　まず，日常会話によく用いられる「とか」「っぽい」「でしょ」「すごい」「じゃない」「なんか」「というか」「みたいな」「〜的」の表現を中心に調べた。そこで，話し言葉が多く用いられる10代，20代，30代，40代の代表的な男性雑誌（2011年，4冊）と女性雑誌（2011年，6冊）を調べ，これらの年代層における「曖昧表現」の使用傾向を考察した。また，許（2011）の「話し言葉の研究 CD-ROM」データベースに掲載されている日本語母語話者同士（日本人女子大学生4グループ，親疎各2グループと日本人男子大学生4名）の会話資料（1会話は約10分間の自由会話）をもとに若者の「曖昧表現」の使用実態も考察した。

　その結果，各表現の出現回数を次の表1に示している。雑誌に基づく考察の結果，とりわけ10代（CUTIE, VIVI, FINEBOYS）と20代（MORE, MEN'S NON-NO）の雑誌の件数の合計から見ると，「すごい」75件（内訳：男性33件，女性42件），「っぽい」37件（内訳：男性1件，女性36件）が一番多く，次に「じゃない」36件（内訳：男性10件，女性26件），「みたいな」9件（内訳：男性1件，女性8件）が多く用いられていることが

表1 雑誌に見られる各表現の出現回数　　□は女性雑誌　■は男性雑誌

雑誌＼表現	すごい	っぽい	みたいな	じゃない	とか	なんか	でしょ	～的	というか
MORE	10	3	2	7	1	0	0	0	0
CUTIE	15	13	0	9	0	0	0	0	0
VERY	2	3	3	0	0	0	2	0	0
VIVI	7	14	2	1	0	0	0	0	0
INRED	7	2	0	1	0	0	0	0	0
CROSSANT	1	1	1	8	7	1	3	0	1
FINE BOYS	2	0	0	0	0	0	0	0	0
UOMO	3	0	0	0	0	0	0	0	0
LEON	3	0	0	1	0	0	0	0	0
MEN'S NON-NO	25	1	1	9	0	0	0	3	3

わかった。

　一方，日本語母語話者（日本人女子大学生4グループ，親疎各2グループと日本人男子大学生4名）の日常会話に見られる各表現の使用回数は次の表2にまとめられている。表2の表現の使用回数は，JJ1，JJ4，JJ5，JJ6の2名1グループ（計8名分）の女子日本語母語話者の会話データと，KK1，KK5，JJC3，JJK1の各1名（計4名分）の男子日本語母語話者の会話データから採取した。女子グループの人数が男子グループより多いが，女子の1名分の平均的な表現の使用回数が表2よりうかがえる。日本語母語話者の場合，親疎関係に関わらず，20代と30代の間では「とか」（361件），「なんか」（284件）が一番多く，次に「すごい」（104件），「じゃない」（84件），「みたいな」（80件）が多く用いられていることがわかった。

表2　会話に見られる各表現の出現回数　　□女性　■男性

表現 会話	すごい	っぽい	みたいな	じゃない	とか	なんか	でしょ	～的	というか
JJ1（親）	19	0	20	4	50	67	0	0	6
JJ4（親）	20	0	19	40	52	73	0	0	3
JJ5（疎）	17	0	17	6	61	63	1	0	4
JJ6（疎）	17	0	10	11	45	57	0	0	1
KK1（疎）	8	0	2	1	6	1	1	0	0
KK5（疎）	6	0	4	13	123	17	0	0	0
JJC3（疎）	12	0	4	7	22	6	0	0	2
JJK1（疎）	5	0	4	2	2	0	0	0	0

　これらのいわゆる「曖昧表現」の使用目的とその効果については次のように考えられる。米川（1996）によると，若者語は会話の「ノリ」を楽しむために大げさな表現（たとえば，強意語）が多いという。ことばをいろいろ用いて細かく説明するより，視覚的または聴覚的な単語や表現を用いて瞬間的に物事のイメージを伝えるほうが速く伝わると考えられる。「すごい」はこれである。特に現代の情報化社会では，広告や宣伝，またはテレビのリーポーターが人の関心や注意を引きつけようとするため，大げさに言葉や感動（「へえーすごいなー」「すーごいね」など）を表現したりすることがある。今回の会話データを見ると，「ほんとにあーすごいなんか分かってもらえたっていうかすごい　なんか［2秒］そんなふうに言ってもらえると思ってなかったから—」（JJ1），「うまいすね　日本語がすげーなー　なんなんや—　確かに難しいと思いますね」（JJC3）のような話し手の大げさに反応する表現があった。「すごい」という表現については，何がどの程度まですごいと思われたのかを

描写することには乏しいという指摘もあった（桑本 2002）。

　また，もう一つ考えられるのは，深く関連している日本の「和」の伝統文化である。近年の若者の心理的特徴について，米川（1996）は若者が他者と深く付き合わず，あまり関わろうとしないし，また自分が傷つけられるのを避けるために，他者に対する批判的なことばを言い換えて柔らかくしていると指摘している。たとえば，今回の会話データで「教免取るならいいんじゃない？」「そうそうそう　なんかほんとに　なんかね―やばいもん」「だからちょっと―そういう　意味で無理かなみたいな」「朝練して―すぐとかだと　着替えるのがめんどくさいです〈笑い〉寒いしとか〈笑い〉」のような表現はこれである。若者語にはことばの遊びという感覚で連想が働いた比喩がよく見られると言われている（米川 1996）。日常会話によく用いられる「とか」「みたいな」も話し手が表そうとする意図や物事をそれから連想した類似の他の物事も存在していることを暗示している。そこで，話し手が物事をはっきりと言い切るような表現より聞き手に判断や想像の余地を与え，自分の主張を抑え，相手との対立の恐れを避けようとする傾向が見られる。その他，断言の言い方より自分の主張や判断をぼやかす「なんか」「じゃない」も同じような効果が発揮できると考えられる。

　近年「若者語は言葉の乱れ」という話を耳にするが，私見では，果たして「言葉の乱れ」と言えるのか疑問に思う。流行語に関わらず，日常会話によく用いられる「とか」「なんか」「すごい」「じゃない」「みたいな」などの表現の本来の意味機能と話し言葉における機能の変化を見ると，「形態的派生形」（「すごく」→「すごい」，「じゃない」→「じゃん」など），「機能の転換」（フィラーとして用いられる「なんか」「すごい」など），

「曖昧さ」(主張や対立の回避に用いられる「とか」「なんか」「じゃない」「みたいな」)という若者の会話の特徴が実は日本の文化習慣と深く関連しているのではないかと考えられる。

Lesson 12
記述研究

 日本語文法を記述する目的とは？

　まず，記述とはある対象や過程の特質を客観的に，かつ秩序正しく記載することである。日本語文法の記述的研究の目的として，白川（2002：65）では以下の3つが取り上げられている。

1) 理論やモデルを構築するデータとして使うため（言語学的研究）
2) 日本語を母語としない人たちに説明するため（語学的研究）
3) 言語研究以外の研究に応用するため（関連領域の基礎研究）

　また，「言語学的研究」は，日本語を題材とした「言語」の研究であることとしている。「語学的研究」で言う文法の記述とは，非母語話者の学習者がその言語を使えるようになる（またはその言語を使えるようにする）ためにどのような道しるべを立ててあげるかと同様のことである。特に近年，日本語を学び，何かができるといった「実用性」の面が重要視されてきていると思われる。
　たとえば，海外では日本のマンガ，アニメ，音楽などのいわゆるサブカルチャーがブームになっており，それらを目当てに日本語に興味を持ち，学習し始める学習者も少なくないだろう。

瀬尾 (2011) では，日本語学習動機を「外発的動機づけ」と「内発的動機づけ」に分けられるとしている。「外発的動機づけ」は，「日本語が大学の必修科目だから勉強する」「将来日本の会社で働きたい」など，「内発的動機づけ」は「日本語が好きだから勉強する」「勉強するのが楽しい」などの動機が含まれる。また，香港の社会人学習者の動機づけの変化について調査し，その調査結果が次の図にまとめられた。

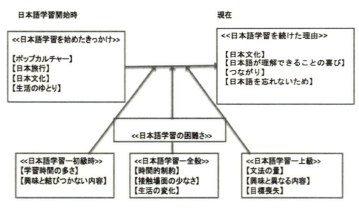

図　香港の社会人学習者の学習動機の変化（瀬尾 2011）

　これらの学習動機などの調査研究は，「関連領域の基礎研究」とも繋がりがあると思われる。言語研究以外の場合，学習者の来日前後の意識変化（張 2012）や，学習環境による影響などの調査（許 2012）でも既に結果が報告されている。

　日本語教育の観点に立ち戻って考えると，白川で述べられているように，「学習者にとって必要なのは，正しい形式（形態・構文）の作り方もさることながら，その形式を具体的にどういう場面で使うのかという知識である。」(p.66) という見解に賛

同する。たとえば，筆者の経験談では，英語母語話者の中級日本語学習者に「あなたは午後研究室にいますか」と聞かれたことがあり，日本語の授業で自他動詞を教えるとき，クラスの12名の学習者がサッカーボールがゴールに入りそうな写真を見て，全員一致して「ゴールに入れた」と答えた。また，大学院生の中国人女子留学生が同じゼミの仲良しの女性の日本人の友だちに「友だちだから，一々敬語表現を使わないで」と注意されたというエピソードもあった。

今でも授業が終わった後，よく親切な学習者に「ご苦労さまでした」「お疲れさまです」と話しかけられている。チャンスがあれば，やんわりと「日本では，授業に対する感謝の気持ちを込めて先生に『どうもありがとうございました』と言えばいいですよ。」と注意したが，次回もまたつい「ご苦労さま」と言う学習者もいた。よく考えてみると，若い学習者たちは，きっと日頃先生に接するより，同級生やサークルの仲間と付き合うことがずっと多いので，仲間では通用している「ご苦労さま」「お疲れさま」といった表現をついつい使ってしまうのではないかと思う。

ここで日本語文法関係の事例を一つ挙げてみよう。日常会話において，仮定条件を表す「バ」と「タラ」には，アドバイスを表す機能があるとされているが，どのような過程をたどって結果的にアドバイスという機能へと結びつくのかを説明しなければならない。許（2010）では次のように考える。

まず，日常生活で使う条件文の大半は，「望ましいか／望ましくないか」（DESIRABLE/UNDESIRABLE）という話し手の主観的な心的態度を表しているという赤塚（1998）の説に従う。要するに，話し手は条件文（DESIRABLE-LEADS TO-DESIRABLE

の条件文か UNDESIRABLE-LEADS TO-UNDESIRABLE の条件文)によって,非事実(irrealis)のことに対する自分の "desirability" (I-WANT-IT-TO-HAPPEN あるいは I-DON'T-WANT-IT-TO-HAPPEN)という心的態度を表している。

たとえば,「父がだめだっていったら,海外へ留学に行けなくなっちゃう。」(UNDESIRABLE-LEADS TO-UNDESIRABLE),「正直に話せば,きっとわかってくれるよ。」(DESIRABLE-LEADS TO-DESIRABLE)のような条件文は日常会話にいつも現れるとは限らず,「(勉強に困っている人に)先生に聞けば(どうですか)？」,「(風邪で具合が悪そうな人に)ちょっと休んだら(どうですか)？」のように,話し手が望ましい仮定条件のみ提示し,相手がその条件の通りにすれば,相手にとって何か望ましい結果になることを暗示する。結果的に,アドバイスを表す「バ」「タラ」は,話し手が "DESIRABLE" 条件のみ提示し,それに関する相手の意向を伺うような形へと変化したと考えられる。

人間が何かを行う際,その背後に何らかの理由というものがあると考えられるだろう。研究テーマを見つけるのも同じであると思う。白川(2002)でも語学的研究方法として「誤用・非用からの発想」「対照研究からの発想」「教材分析からの発想」ということが示唆された。これらの方法は,全部繋がっているとも考えられる。なぜなら,学習者の誤用・非用は対照研究への出発点でもあり,何らかの形で学習者の誤用・非用が教材内容に関連づけて考えられる部分もあると思われる。決して日本語教材のことを批判しているわけではないが,現実に丁寧に記述されている教材が多く市販されている。しかし,教材でカバーされていない用法の記述や,表現の使用実態もあり,また研

究に基づく考察・分析結果が教育の現場へ還元するという意味で教材の内容や記述を補強することも考えられる。そこで,自分が苦労をして考察・分析を行った研究結果を活かし,日本語教育の現場へ提言できることは,実に重大な意義を持っていると思う。この点については,これまでなされてきた研究でも既に大いに成果を見せてくれている。

参考文献

赤塚紀子・坪本篤郎（1998）『モダリティと発話行為』研究社出版

生田守・久保田美子（1997）「上級学習者における格助詞『を』『に』『で』習得上の問題点―助詞テストによる横断的研究から」『日本語国際センター紀要』7, pp.18-34

池田順子・深田淳（2012）「Speak Everywhere を統合したスピーキング重視のコース設計と実践」『日本語教育』152 号, pp.46-60

戎谷梓（2012）「日本の IT 企業のブリッジ人材に求められるビジネスコミュニケーション能力―ソフトウェア開発中に発生するコミュニケーション上の問題分析から―」『日本語教育』152 号, pp.14-29

大澤公一（2011）「日本語能力における非音声領域の客観的測定および言語運用能力の主観的評定に共通する潜在特性の項目反応モデリング」『日本語教育』150 号, 12, pp.71-85

大関由貴・遠藤郁絵（2012）「学習者から学ぶ『自立的な学び』とその支援―漢字の一斉授業における取り組みから―」『日本語教育』152 号, pp.61-75

岡本佐智子（2008）『日本語教育能力検定試験に合格するための社会言語学 10』アルク

奥野由紀子（2001）「日本語学習者の「の」の過剰使用の要因に関する一考察―縦断的な発話調査に基づいて」『広島大学大学院教育学研究科紀要』50, pp.187-195

尾崎明人（2002）「日本語母語話者と非母語話者の会話における『聞き返し』：フォローアップ・インタビューの一例」『言語研究の方法』くろしお出版, pp.181-185

加藤好崇（2002）「日本人母語話者と日本語学習者のインタビュー場面における言語管理：フォローアップ・インタビューの一例」『言語研究の方法』くろしお出版, pp.194-199

金子栄子（2002）「オーストラリア人と日本人の接触場面での依頼に対する応答：フォローアップ・インタビューの一例」『言語研究の方法』くろしお出版, pp.186-193

川口義一（2012）「初級文法項目の『文脈化』・『個人化』指導―教科

書を開けない初級授業—」日本語教育国際研究大会名古屋 2012 予稿集 p.224
久野美津子(2005)「ブラジル幼児2名による変化を表す『～なる』構造での誤りと習得過程」『日本語教育』127号,pp.31-40
桑本裕二(2003)「若者ことばの発生と定着について」『秋田高専研究紀要』38,pp.113-120
佐々木薫・赤木浩文・安藤節子・草野宗子・田口典子(2001)『トピックによる日本語総合演習—テーマ探しから発表へ—』(中級前期) スリーエーネットワーク
佐藤勢紀子・大島弥生・二通信子・山本富美子・因京子・山路奈保子(2013)「学術論文の構造型とその分布—人文科学・社会科学・工学 270 論文を対象に—」『日本語教育』154号,pp.85-99
清水まさ子(2010)「先行研究を引用する際の引用文の文末表現—テンス・アスペクト的な観点からの一考察」『日本語教育』147号,pp.52-66
白川博之(1995)「理由を表さない『から』」『複文の研究(上)』くろしお出版,pp.189-220
─────(2002)「記述的研究と日本語教育—『語学的研究』の必要性と可能性—」『日本語文法』2巻2号 くろしお出版,pp.62-80
新村出 編(1998)『広辞苑(第五版)』岩波書店
鈴木智美(2012)「留学生は言いたい日本語をどう見つけるか—留学生の文章産出時における辞書使用の実態調査—」日本語教育国際研究大会名古屋 2012 予稿集 p.164
瀬尾匡輝(2011)「香港の日本語生涯学習者の動機づけの変化—修正版グラウンデッド・セオリー・アプローチを用いた分析から探る—」『日本学刊』14号,香港日本語教育研究会,pp.16-39
田鴻儒(2012)「中国語を母語とする日本語学習者のスピーチスタイルに関する縦断的研究」大阪大学(言語文化学)博士論文
田守育啓(2002)『＜もっと知りたい！ 日本語＞オノマトペ擬音・擬態語を楽しむ』岩波書店
張勇(2013)「日本語学習者の異文化態度に関する意識調査—日本語

専攻の中国人大学生を対象に―」『日本語教育』154号，pp.100-114
徳永あかね（2006）「留学生の日本語環境でのコンピューターリテラシーに関する一考察― 中国系留学生の英語能力とコンピューター用語理解より―」『日本語教育』128号，pp.100-109
中村香苗（2011）「会話における見解交渉と主張態度の調整」『社会言語科学』第14巻，第1号，pp.33-47
畠山衛（2011）「日本語学習者による原因・理由を表す接続助詞『から』『ので』の語用論的使い分け能力の習得を探る横断的研究」『ICU日本語教育研究』8, pp.3-17
濱川祐紀代（2011）「ノンネイティブ日本語教師を対象とした自律学習『漢字』の試み―実践とアンケート結果の報告―」『JSL漢字学習研究会誌』第3号，pp.28-33
原田幸一（2012）「首都圏若年層の日常会話における『だから』の縮約形」『社会言語科学』第15巻，第1号，pp.57-72
許夏玲（2010）『意味論と語用論の接点からみる話し言葉の研究』白帝社
許夏玲（2011）「話し言葉の研究」会話データベース CD-ROM
――― （2013）「短期交換留学生に見られる日本語能力の変化とその学習環境」『東京学芸大学紀要総合教育科学系Ⅱ』Vol.62, No.2, pp.359-366
――― （2014）「日常会話における曖昧表現の使用実態」『日本語教育と日本研究における双方向性アプローチの実践と可能性』ココ出版，pp.445-454
藤森弘子（2010）「高度専門職業人養成課程における日本人学生と留学生の協働作業及びピア評価の試み」『日本語教育』144号，pp.73-84
船戸はるな（2012）「継続的な文字チャットによる日本語学習者の終助詞『ね』の使用の変化の必須要素」『日本語教育』152号，pp.1-13
文野峯子（2004）「『質問―説明』連鎖の終了に関する質的研究―初級日本語クラスの一斉授業の場合」『日本語教育論集』20，国立国語研究所日本語教育基盤情報センター編，pp.34-49

坊農真弓（2011）「手話会話に対するマルチモーダル分析―手話三人会話の二つの事例分析から―」『社会言語科学』第13巻，第2号，pp.20-31

三好裕子（2011）「共起表現による日本語中級動詞の指導方法の検討―動詞と共起する語のカテゴリー化を促す指導の有効性とその検証―」『日本語教育』150号，pp.101-115

宮島達夫・仁田義雄（1995）『日本語類義表現の文法（上）単文編』くろしお出版

宮田剛章（2006）「敬語動詞における日本語学習者の中間言語の量的研究―中国人および韓国人学習者と日本語母語話者との比較から」『日本語科学』19，国立国語研究所，pp.5-29

村岡貴子・影廣陽子・柳智博（1997）「農学系8学術雑誌における日本語論文の語彙調査―農学系日本語論文の読解および執筆のための日本語語彙指導を目指して―」『日本語教育』95号，pp.61-72

メイナード・K・泉子（1992）『会話分析』くろしお出版

義永美央子（2009）「第二言語習得研究における社会的視点―認知的視点との比較と今後の展望―」『社会言語科学』第12巻，第1号，pp.15-31

米川明彦（1996）『現代若者ことば考』丸善ライブラリー

李姮莉（2005）「大学非専攻日本語学習者のマルチメディア教材の利用状況をめぐって：湖南大学の実態調査を中心に」『世界の日本語教育：日本語教育論集』15号，国際交流基金，pp.1-24

ルンティーラ・ワンウィモン（2004）「タイ人日本語学習者の『提案に対する断り』表現における語用論的転移―タイ語と日本語の発話パターンの比較から―」『日本語教育』121号，pp.46-55

参考資料

宇佐美まゆみ（2011）「基本的な文字化の原則（Basic Transcription System for Japanese:BTSJ）2011年版」 http://www.tufs.ac.jp/ts/personal/usamiken/btsj.htm（2014年3月18日閲覧）

「高校生の科学等に関する意識調査について」『文部科学広報』2015年1月号 http://www.koho2.mext.go.jp/182/ （2015年6月18日閲覧）

『社会言語科学』（2012）目次　第15巻，第1号 http://www.jass.ne.jp/（2015年3月31日閲覧）

「日本人の食事摂取基準」厚生労働省2010版
http://www.mhlw.go.jp/houdou/2009/05/h0529-1.html（2012年2月21日閲覧）

索 引

あ
曖昧表現　　59, 101, 102, 104
アスペクト　　44, 51, 52
アンケート
　　24, 27, 28, 31, 32, 80

い
言いさし表現　　7
意識調査　　18, 24, 27, 28
異文化コミュニケーション
　　30, 99
意味用法　　21, 24, 43
インターネット
　　19, 20, 22, 69, 75
引用　　49
引用文献　　73

え
閲覧の日付　　75
円グラフ　　60

お
横断的研究　　24, 25
帯グラフ　　61
折れ線グラフ　　62

か
会話完成テスト　　32
会話協力者　　27
会話分析　　26
学習効果　　34
学習方法　　31
学習モチベーション　　34

学習歴　　31
漢字学習　　32

き
共起表現　　39

く
グラフ　　58

け
敬語　　54, 101
経時的変化　　62
研究価値　　67
研究成果　　67
研究対象　　29, 46
研究テーマ　　7, 19, 31, 99
研究動機　　12, 46
研究方法　　31, 46
研究目的　　13, 47

こ
構造化インタビューとアンケート　　27
語用的転移　　40
今後の課題　　67, 68
コンピューター用語　　37
コンピューターリテラシー　　37

さ
雑誌名　　73
参考資料　　75
参考文献　　20, 42, 50, 51, 73

し

視覚情報	58
実証的研究	24
質的研究	24
謝辞	96
縦断的研究	24, 25
使用実態	31, 102
使用頻度	29, 59
シナリオ	23, 27
助詞	30, 43
自律学習	32

す

図	58
図の題	60

せ

接続助詞	54
設問数	32
先行研究	42, 44

た

題目	8, 73
多肢選択式	28
タスクシート	39
談話完成テスト	28, 40

ち

調査対象者	24, 31
調査票	34
調査用紙	37
直接引用	50

て

電子版	75
テンス	51, 52

添付資料	80

と

投稿論文	97
動詞	8, 38, 54, 55

に

日本語教科書	74
日本語教材	110

は

パイロット調査	31
発表レジュメ	73, 75
半構造化と非構造化インタビュー	28

ひ

非専攻日本語学習者	34
表	58
表記	81
表の題	60

ふ

フォローアップ・インタビュー	67, 68
副題	9
プライバシー	81, 87

ほ

棒グラフ	61
報告書	42, 74
本題	8, 12

ま

マクロ	27
まとめ	67

漫画	26, 30, 74	**よ**		
		要旨	13	
み		予備調査	27, 31	
ミクロ	27			
		り		
め		量的研究	24, 25	
名詞化	10			
		れ		
も		例文出典	23, 74	
文字化	31, 81, 83, 84			
問題項目	32			
ゆ				
URL	75			

【著者紹介】

許　夏玲（ふい　はーりん）

中国香港に生まれる。香港大学文学部英文学科卒業。名古屋大学大学院文学研究科日本語教育専攻博士課程満期退学。名古屋大学助手，東京学芸大学留学生センター講師を経て，現在准教授。学術博士。主要論文に「日本語教育におけるノートテイキングの意義―学習者側と教師側の観点から―」『東京学芸大学紀要』Vol.65（2013），「コンピューター型のピア・レスポンスに見られる相互学習の効果― eポートフォリオの活用を通じて―」『日本学刊』第 18 号（香港日本語教育研究会，2015），「日常会話における曖昧表現の使用実態」『日本語教育と日本研究における双方向性アプローチの実践と可能性』（ココ出版，2014）等，著書『意味論と語用論の接点からみる話し言葉の研究』（白帝社，2010），『日本語の擬音語と擬態語』（改訂版）（電子書籍，2013），教材開発「初級日本語学習者向けの IT 自習漢字教材」（東京学芸大学，2015 制作中）

文科系の作文技術

許　夏玲　　著　者
佐藤康夫　　発行者
白帝社　　　発行所

171-0014　東京都豊島区池袋2-65-1
電話03（3986）3271／FAX03（3986）3272（営）／03（3986）8892（編）
http://www.hakuteisha.co.jp/
組版・印刷・製本／モリモト印刷㈱
2016年1月21日初版印刷　2016年1月27日初版発行

©Harling Hui 2016 Japan　6914　ISBN978-4-86398-229-1
本書の内容の無断で複写（コピー）することは著作権法上認められている場合を除き，禁じられています。